歴史文化ライブラリー

217

戒名のはなし

藤井正雄

吉川弘文館

目次

戒名をめぐる危機的状況——プロローグ

1　戒名をめぐる危機的状況

戒名とは

戒名《かいみょう》とは、もともと仏教において修行に必要な規律・戒律を授けた際に与えられる出家者《しゅっけしゃ》の名前である。のちにその戒名は、出家していない一般の人が臨終《りんじゅう》の時や死の直後に出家者として付けられる名前を指すように変わってきた。僧侶となる際に授けられる名前を法名《ほうみょう》と呼ぶようになったが、その区別も現代社会では曖昧《あいまい》に使われるようになってきた。

加藤清正《かとうきよまさ》は「浄池院殿永運日乗大居士」、柳田国男《やなぎたくにお》は「永隆院殿顕誉常正明国大居士」という法名（戒名）を授けられており、浄土宗《じょうどしゅう》で「誉」、日蓮宗《にちれんしゅう》で「日」「妙」などの文字を含んだりして宗派による違いもあるが、「○○院殿◆◆××大居士《だいこじ》（あるいは大姉《だいし》）」

という鄭重《ていちょう》なものから、単に「信士《しんじ》」「信女《しんによ》」を付すなど何段階かの差がある。試みに、霊園や近くの寺院墓地を歩いてみれば、さまざまな構成の戒名が墓石に刻まれているのを目にすることができる。これは、古い墓はもとより、最近の新しい墓でも変わらない。

現在では、身内あるいは知人の死去に伴う葬儀で目にする程度で、日常生活ではあまり触れることがないが、現代人の自己の死への関心は高く、葬儀の在り方も社会的な現象を見ることができる。これまで大方の葬儀が仏式で行われていたことへの問い直しがなされ、無宗教葬という形で葬儀をし、仏教色のない儀礼となったりしている。その場合、戒名についても付けることをやめたり、付けるにしても僧侶に依頼しないという例も見られるようになった。しかし、こうした現象は、社会の大半を占めるまでにはいたっておらず、葬儀に葬儀社の仕事としての関与が大きくなっていったものの、これまでどおりの仏式の葬儀がいまだ一般的である。現状については、以下においおい見ていくとおりだが、本書では、葬儀の中でも仏式の中心的な位置を占める、仏弟子になることを示す戒名をめぐる問題を考えていきたい。

戒名の社会問題化

一般的に見て、現代営まれている葬儀のおよそ九四%は仏教葬といわれている。仏教葬において必ずといっていいほど導師《どうし》から故人に授けられるのが戒名である。近年、その戒名に対する考えが大きく揺らぎ社会的問題となって浮上してきている。

その発端になったのは、当時浄土宗宗務総長であった、寺内大吉《てらうちだいきち》のペンネームを持つ成田有恒師と白鳳《はくほう》短期大学学長の山折哲雄《やまおりてつお》氏との紙上対談であった。この様子は一九九七年（平成九）六月二十一日付の『朝日新聞』夕刊紙上に掲載された。この対談は企画報道室の松井覚進氏の司会のもとに進められた。対談者の成田師は、東京都世田谷区にある浄土宗大吉寺《だいきちじ》の住職で、作家あるいはスポーツ中継の解説者としても知られる。「寺内大吉」というペンネームは、住職をしている大吉寺の「大吉寺内」をひっくりかえして作ったと聞いている。直木賞受賞作家で、作風はユニークな点で知られ、文章だけでなく話もうまい。その後、浄土宗大本山の増上寺《ぞうじょうじ》（東京都港区）の法主《ほっす》となっている。一方、山折氏は宗派は異なるが、東北の浄土真宗《じょうどしんしゅう》本願寺派の出身で、さまざまな大学教授を務め、国立歴史民俗博物館の教授や短大の学長を務め、最近まで国際日本文化研究センター所長であった。

二人は僧籍を持っている点で共通し、宗教界はいうまでもなく、社会的にもよく知られている。このことからいってもわかるように、両者とも社会的影響力の強い人物である。

図１　寺内氏と山折氏の戒名論争を報じる新聞
（『日刊スポーツ』1997年10月１日号）

また、幼いころから戒名に慣れ親しんできたこともあり、掲載された対談の内容はうっかり本音でしゃべっているのではないかと、お寺仲間はそう好意的に見ていたが、それとは別に戒名の問題が新聞の紙上対談を離れて大きく社会問題化されることになった。

この対談で寺内氏が戒名なるものは死後の勲章であることを認め、一生に一度のことなのだから戒名料が高いとする批判は当たらないこと、また死後の世界の存在を否定するような発言もあった。

具体的にいうと、「戒名にランクがあるのは、どういうわけか」と問う司会者に対して、

「仏教の基本的精神からいって、長生きした方というのは一番徳を積んだ方だから立派な法名をお贈りする。社会的に功績のあった方には字の多い法名をお贈りする。長生きもしないし社会的功績もあまりない人は、お寺への功績でつけざるを得ない。それでお金をちょうだいする」

このように、戒名に三通りの付け方があることを述べ、この原則をはみ出して院号をどうしても欲しいという人に対して「おたくは年が若いんで、院号をどうしても希望するなら五十万ぐらいでどうだろう」「おたくのご主人の一ヵ月の給料ぐらいの基準で考えておくれよ」と檀家の人にはっきり伝えるという。

この発言を契機に、戒名についての問題が一気に噴き出たのであった。浄土宗では「この対談は戒名を売り物にしている印象を与える」などの批判が宗議会議員から続出し、寺内氏は七十人の宗議会議員に釈明文を送ったが、七月三十日宗議会は「辞任が最良の道」とやんわりと辞職勧告を行なった。寺内氏は議長に辞表を提出、受理されて宗務総長選となったが、再選されたのは同じ寺内氏であった。再選後の会見で寺内氏は、「戒名発言は浄土宗の宗の規則などに抵触しないが、教化の面で責任はあった。浄土宗が先駆けて戒名問題に取り組みたい」と語った。これまでの経過を見ると、実際にそのとおりになったといえる。

すでに何年も前から新聞紙上で「戒名料としていくら出してもらわねば」と僧侶からいわれたとか、葬式前で困ったので承知せざるを得なかったといった投書や、「莫大な戒名料をぶったくられた」とか、寺院・僧侶・葬儀社への批判的な意見書が続いたし、いずれ詳しく述べたいと思うが、寺院・僧侶・葬儀社を批判、非難する書籍も出版され、それらが相乗効果となって戒名に対する考え方が大きく社会的問題となって浮上してきたといえる。

仏教界の対応

それから二年後、一九九九年（平成一一）になって、全日本仏教会が「戒名料」という言葉は使わないでおこうという提言を行なった。それに対するコメントを求められて『読売新聞』と『日本経済新聞』に、私は「死生観の違い」と題して述べたことがある。社会問題化した戒名ついて、寺院と一般の人たちとの中間に位置するといってもいい立場にある諸宗の僧侶たちが、「社会の中に生きる仏教」を目指して組織した仏教情報センターが電話による相談を受け、その内容を分析した。それに見られる意見としては、寺側からすれば寺檀関係の希薄化が指摘され、一方、檀信徒から見れば檀信徒が寺を支えていくという観念が同様に希薄化していると見られている。

電話相談の内容からは、自分たち檀信徒が寺を支えているといった従来の檀家意識がうかがうことができず、そこに一つの問題があるのではないかというのである。僧侶は自分の寺については危機感はなく大丈夫だというが、実は事態はもっと深刻なところにきているようである。

この寺と檀信徒の関係の揺らぎについては、別に行われた雑誌『大法輪』のアンケート調査でも明確に出てきている。この調査は「21世紀の仏教を考える会」が、『大法輪』一九九九年三月号の誌上で「仏式葬儀についてみんなで考えよう」という読者アンケートを行なった。一九六の回答を得て集計した結果が、同会編『意見公募とアンケートから仏式葬儀の病状を診断する』という冊子（一九九九年九月二十日刊）に掲載されている。このアンケートの中で、戒名についての説明を僧侶から受けた人は、回答した人の六割に及んでいるが、そのうち二割弱の人がその説明を納得できないと答えている。一般の人から理解を得られていない面もあるかと思われ、筆者も浄土宗の僧侶の一人として、戒名についての解釈やその実態把握、檀信徒との関わりで我々の説明不足による面もあり、常に反省しなければいけないと感ぜられた。檀信徒が戒名によせる意識や菩提寺《ぼだいじ》の僧侶に求めているものは何かということを常に見定めていかないといけないのではないか。

本書では、戒名に寄せられた数多い批判・非難に答えるべく、戒名のよってきたる歴史を踏まえながら、これからの問題として考えていきたいと思う。

戒名と現代社会

戒名問題のありか

現代社会をひとことで表現すると、宗教が企業化するとともに、企業が宗教化しているといってもいい。他の言葉にいいかえると、宗教が彼岸《ひがん》と此岸《しがん》、あるいは僧と在家などなどにおいて区別がつかなくなっている。具体的にいうと、宗教とくに仏教が関わりを強く持っていた葬儀や戒名《かいみょう》の在り方が実は見えなくなってきている、と表現することができる。

戒名の今日的話題

そのうちの戒名に関する問題も、実はさまざまな要因を持つ複合的なものであるということができる。いうまでもなく都市と地方においては仏教や葬儀・戒名の在り方は当然異なっているし、コンテキスト（文化的脈絡）を異にすれば、たとえば時代やその土地の事情を踏まえないと解決できない問題であるといえる。私は二〇〇〇年（平成一二）二月十六日付の『読売新聞』夕刊に「仏教存立を問う戒名問題」というテーマで以下のように論じたことがある。抜粋して掲げてみよう。

　現在日本で営まれている葬儀のおよそ九四％は仏式である。しかし、葬儀が終わってから葬儀社に法外な支払いを要求されたとか、お寺から高額な戒名料をぶったくられたといった投書が相変わらず各新聞社の投書欄を賑わせている。

　寺に差し出す「お布施《ふせ》」は「喜捨《きしゃ》」といって、自らの信心に応じて心から差し出すものであって、高いの安いのといった価値判断を伴うものではない。お寺に法外な戒名料を「取られた」「ぶったくられた」という思いを懐《いだ》かせた時点で、すでに相互に信仰で結ばれた僧侶と信者との信頼関係は崩れて、商業化された葬儀の場において商品として戒名が問題とされている。いわば戒名料は僧による一方的な不法取引として槍玉にあがっているのである。（中略）

　戒名ないし法名は、自らの意志で仏弟子になる儀式の際に授与される名前で、生前に与えられるのが本義であることはいうまでもない。戒名はインドには存在せず、仏教が中国に入ってそこでの習わしにしたがって成立したのである。中国では生前において尊敬する相手に対して本名をいわずに字《あざな》で呼んだように、死者に対しても諱《いみな》(忌名、諡《おくりな》)で呼ぶのを嫌い、別に立てた嘉号《かごう》や住まいの地名、庵室などの名で呼ぶのが習わしであった。これが後に道号《どうごう》と呼ばれるもので、生前の字がそのまま転じて戒名のなかに組み込まれていったのである。(中略)

戒名を今日まで形の上でも存続せしめてきたのは、その底流に死者を尊び、死者の来世《らいせ》での幸せ(冥福《めいふく》)を祈るといった来世信仰の存在を見過ごすことはできない。戒名はなんの意味も持たないと主張する人々の出現は、現代人の死生観の多様化と無関係ではないのである。

死んだらゴミになると考える人にとっては葬儀や墓に金をかけること自体無意味であるからである。しかも、人生の最後の幕引きは自らの手でという「死の自己決定権」の主張と裏腹にいのちのモノ化は加速していくであろう。(中略)その考えには仏教の影響のひとかけらも存在しないのである。

高齢社会を反映して、少なくともいわゆる戦後のベビーブームによる団塊《だんかい》世代が死に絶える二〇三五年頃まで葬儀は増え続けるとともに、少子化の影響で子供一人が二人の親、結婚したら四人の親の葬儀の面倒をみなくてはならないことから、費用をあまり掛けない地味葬にならざるを得なくなっていくであろう。

　このように考えていくと、一般の葬儀は大きく無宗教葬と地味葬とに分かれ、戒名料などその意味すらもすっ飛んでいってしまうであろうことは予測に難くない。（後略）

　以上に述べたように、戒名や葬儀に関することが話題になるのは、端的にいえば、僧と檀信徒との信頼関係が失われていることに由来し、葬儀だけを取り上げる、あるいは戒名なら戒名だけを取り上げるということ自体に問題があるのではないか。それは小手先で解決できるような問題ではない。むしろそれらを含めた総合的な教化の問題として取り上げるべきであるというのが私の意見である。したがって、「戒名料」を「ふんだくられた」とか、「いくら取られた」とかなど、そういう表現がなされるということ自体、すでに僧侶に対する不信があり、寺檀関係が崩壊している証左であるといえる。葬儀なるものは、その人に対する教化の最後の締めくくりであると考えれば、亡くなっていく人は僧侶に感謝し、また遺族は寺院に対して檀家《だんか》として護持の気持ちを表明することがあってしかるべきである、といった声が自然と沸き起こってくると思われる。そうでなければ本当の宗教というのは生きてこないと思う、と述べたのであった。

シンポジウム「戒名—その問題点と課題」をめぐって

他宗に先駆けて浄土宗《じょうどしゅう》は、解決すべき宗門課題の一つとしていち早く戒名問題を据え、全寺院を対象にアンケート調査を実施した。この調査結果を踏まえて、浄土宗総合研究所では二〇〇〇年（平成一二）十一月二十九日に浄土宗大本山増上寺《ぞうじょうじ》三縁ホールを会場にしてシンポジウム「戒名——その問題点と課題」を開催した。このシンポジウムに次の「提言」が添えられた。

「提言」は浄土宗の寺院方に配布したアンケートに基づくもので、以下摘記して掲げよう。

戒名および戒名授与に関する提言

浄土宗総合研究所葬祭仏教研究班

戒名に関する問題は、戒名に対する直接的な問題とともに日本仏教のあり方に対する批判の問題でもある。この複合的な問題という理解のもとに、いくつかの段階に分けた対処の仕方が必要となる。当研究班は、昨年度（平成十一年十月）に行なった『戒名に関する調査』（以下「調査」）の集計結果等を踏まえ、以下を提言する。

㈠戒名は念仏者《ねんぶつしゃ》（仏教徒）としての証しである。

戒名の有無が極楽往生《おうじょう》の決定要因ではなく、念仏（信仰）がすべてである。しかし、念仏による救済を教えられた法然上人《ほうねんしょうにん》の教えに従うものたちにとって、戒名は浄土宗の信者となった証しであるとともに信仰の証しとして重要なものである。すなわち念仏者としての自覚を促し、より一層の信仰に生きる契機となるものである。

㈡戒名授与に際して授戒会《じゅかいえ》、五重相伝会《ごじゅうそうでんえ》などの儀式の普及が必要である。

戒名授与の方法には生前授与と葬儀授与（没後授与）とがある。生前授与が望ましいが、『戒名に関する調査』でも知られるように実態は七六％が葬儀時に戒名を授与している。（中略）

民俗にみられる改名の慣習をみると、子供、青年、当主、隠居などのライフサイクルにおける変化の時期に改名が行われてきた。改名することで、実際的にも象徴的にもその人の社会的・宗教的位置づけが変わるのである。（中略）

しかし、こうした民俗伝統に支えられた戒名の位置も現在では説得力を失いつつある。今後は（中略）生前授与の勧めが必要であり、積極的に授戒会、五重相伝会などの儀式を行うことが望ましい。

㈢位号、院号は明確な基準で授与すべきである。

位号、院号が差別的という意見がある。他方では、特別丁重に慰霊をするには高い位階や院号が有用という一般の心情もある。（中略）

また、位号、院号授与に際して、これまでは〈家〉を基準にしてきた歴史がある。しかし、近年の状況では伝統的な家制度は崩壊し、新たに家族を中心にした〈家〉へと変わってきている。こうした社会の動きを受けて、戒名等の授与も基本的には個人単位、または夫婦単位へと移行しつつあるが、当該人に院号・位号などにふさわしい内実が伴わない場合、安易に授与することは避けるべきである。

㈣「戒名料」という呼称は不適切であるので、使用しないことを周知徹底すべきである。

（中略）

「戒名料」が一般化したのは葬儀が、商業化されたプロセスに対応している。例えば、葬儀の際の布施を戒名（位号・院号）を基準として見直すことは葬儀をビジネス化する上では便宜的なものであり、わかりやすい。しかし、葬儀における布施は戒名に対する料金ではないことを我々も明確に承知するとともに、社会にも理解を促す必要がある。

また、（中略）寺院運営において金銭を包含する財施は重要な要因であるが、決定要因ではない。寺院は信仰を中心にした宗教的共同体である。この共同体を維持することが僧侶にとっても、信者にとっても重要な課題となる。寺院における僧侶の役割の自覚とともに、信者が担うべき役割が自覚されるような寺檀関係を再構築する必要がある。

私はこの提言に対して、次のコメントを出してから、シンポジウムに臨んだ。

一つは、戒名についての問題が起きてきたのは、少子高齢化社会を迎えたため、少子化の影響で子供一人が結婚したら四人の親の葬儀の面倒を見なくてはならないことから、費用をあまり掛けない地味葬にならざるを得ないし、逆に親も子や孫に迷惑をかけたくないと葬式無用、永代供養《えいたいくよう》墓の購入に走る傾向が強いことなどが要因と考えられる。また、戒名は意味を持たないと現代人の死生観の多様化とも無関係ではないのである。

今一つは、僧・教団ともあまりにも世俗化しすぎていることである。商業化された葬儀の場において商品として戒名が問題とされている。本来、信仰で結ばれた僧侶と信者との関係は崩れて、戒名料は僧による一方的なものとして受け止められているのである。戒名問題は単に戒名そのものの問題ではなく、現代の一般の人たちの需要に応えられないままに形骸化してきたことにあるのであり、ひいては仏教そのものの存在理由が問われているのである。

シンポジウムの記録は、浄土宗総合研究所の二〇〇一年（平成一三）七月十五日刊行の

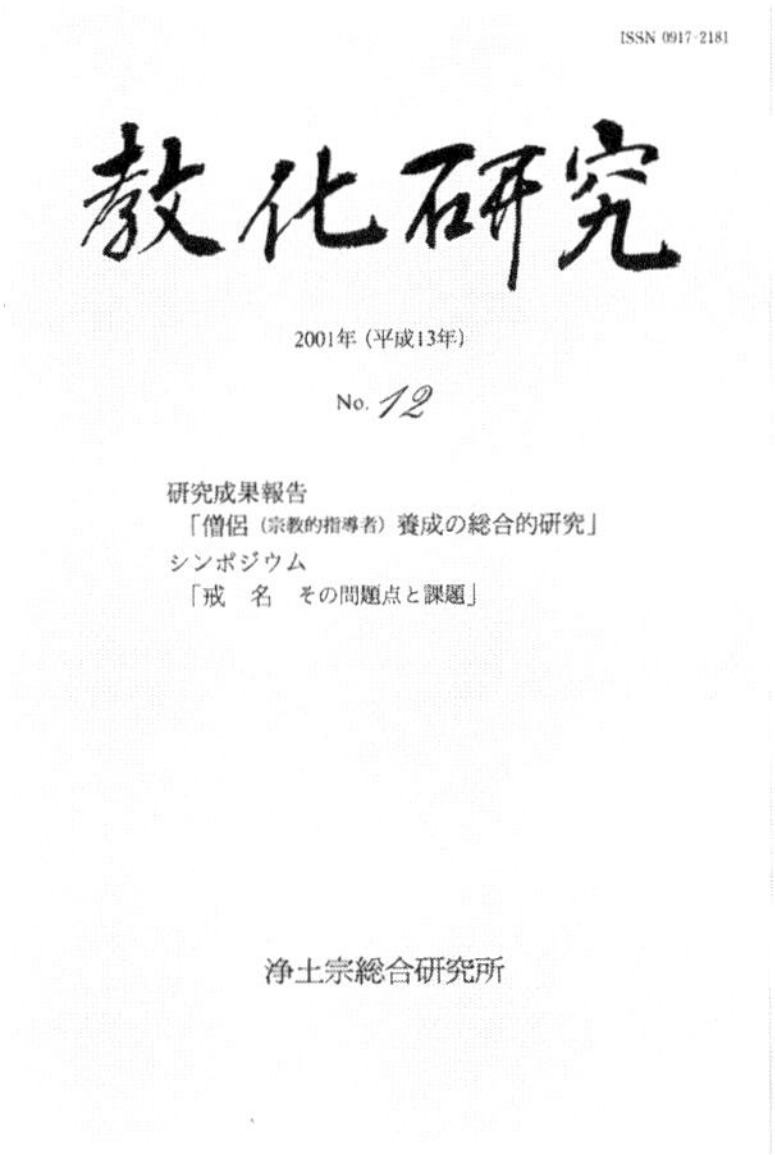

図２　『教化研究』第12号

『教化研究』一二号にまとめられた。終始活発な議論が闘わせられたこのシンポジウムは、第一は戒名が与えられる意味付けないし死生観の変遷が見られること、第二は戒名問題には地域差が見られること、を明らかにした。特徴と見られる第一は、ものを垂直的に見る、いうならば歴史的視点に欠けていること、第二には水平的にものを見る現在的な視点に欠けていることが反省された。仏教学者・浄土宗学者・宗教学者・民俗学者・民族学者の意見とフロアーとのやりとりがあったが、結論は出なかったのであった。シンポジウムに名を連ねた学者はいずれも戒名は必要であると考え、提言に対して賛成する者であったことにも関係があるかもしれない。いずれにしても、戒名問題は、日本人の死生観や地域差など、歴史と現代社会の様相を含めて把握すべきことが要求されているといえる。本書はなるべくこれらの欲求を踏まえる形で以下戒名について明らかにしていきたい。

戒名問題への取り組み

戒名について、何が問題とされているのかをうかがうための、以下のようないくつかの試みがある。

一つは、僧侶ならびに寺の住職の意識を問うたものである。浄土宗の水谷宗務総長が会長を務める「教化情報センター21の会」が発行する『現代教化ファイル』という雑誌である。

二つめは、仏教者が一般の人々と接触することで、その意識を探ろうとしてきた資料である。例としては、仏教情報センターがテレホン相談のコーナーを設け、一般人からの仏事・法事に関する問い合わせに対して答えるやりとりからその実態を知ろうとするものである。受け手として日本の代表的な各宗派からの総勢八十人のボランティアが交代で応答に当たっている。仏教情報センターは一九八三年（昭和五八）に各宗派三十三名の住職の協力を得て開設され、現在東京都文京区に本部がある。仏教情報センター内の「仏教テレホン相談」により、広く一般からの仏教に対する質問に答えていくことを始めた。当初毎日平均三十本の相談が寄せられ、一年間で一万件を超える盛況で、ついに二〇〇〇年（平成一二）六月までに十万件を超える電話相談があり、その分析が同年十一月二十二日の「変貌する葬儀」をテーマとした仏教伝道協会でのシンポジウムで行われた。その際にテレホン相談の以下のような内容がいくつか発表されている。

○遺言で葬式をせず、戒名も付けず、墓も作らない、お坊さんも呼ぶ必要はないということで、遺言どおりに葬儀を執行したけれども、のちに、あのとき葬式をすればよかったという悔いが残った。

○仏教界が見放した人々が霊感商法に走ってしまった。

○家そのものが崩壊の危険にさらされている。葬儀の場で遺産のことを話し合ったり、親子関係・兄弟関係・親戚関係が危険にさらされている。

○かつては「遠くの親戚よりも近くの他人」ということをいったけれども、現在は他人とのコミュニケーションも図れず、葬儀などで頼ることもできなくなってきている。

このような状況に対して、いったい宗教者としての我々はどういうふうに教化をしていけばよいのかという課題が示された。

いま一つは、同時に僧侶と一般の人の意識を知ろうとするものである。「21世紀の仏教を考える会」がアンケート調査を行なっているのがこれに該当するであろう。意見を公募し、戒名問題をどう考えるか、ということで僧侶と在家一般に質問して論じている。以上のような中から浮き彫りにされていた戒名をめぐる問題は、根が深く、さまざまな立場に立って論じなければならない問題であることをあらためて考えさせられる。

ことわざの中の「坊主」

ことわざに「坊主丸儲《もう》け」とか、「坊主憎けりゃ袈裟《けさ》まで憎い」とか、「布施の分だけ経を読む」があり、僧侶に対する批判的な意味を持っていわれる。また、我々が誤解している言い回しの一つとして「布施なき経を読むな」というものもある。布施という言葉の中には、財施《ざいせ》をもらうだけではなく、僧侶側からすれば法施《ほうせ》ともいい、「僧侶は仏教の真理を説き、その見返りとして信徒は財施をささげる」という僧侶・信徒の相互関係にあると考えることが本来の見方であるが、布施とはお経を読んでもらったり供養をしてもらったりしたことへのはお礼だと思っている人が多い。お礼がもらえないようなお経は読まない。だから、余興の席においてお経を読むわけにいかないなどということを、よく若い時はいったものであるが、「布施なき経を読むな」の本来の含意は実は感動を与えないようなお経は読むな、いいかえればありがたがられないようなお経は読むな、ということであろう。また、「経も読まずに布施を取る」といったことわざもあるし、「地獄の沙汰も金次第」とか、「生くら坊主」ともいう。「生くら坊主」の言い回しは一八七二年（明治五）に「肉食、妻帯、蓄髪勝手たるべし」という太政官《だじょうかん》布告が出て、僧侶と在家《ざいけ》の区別がますますつかなくなっていった結果、いわれだした言葉である。また「坊主殺し」という言葉も生まれ、これは「坊主を堕落させる」という意味で、僧侶相手の私娼・男娼のこと指していう言い回しである。「坊主読み」という言い回しは、坊主がお経を読むように、いわゆる「棒読み」を意味し、内容を考えないで文字だけを読むことである。こういうことわざが生まれてきているということは、僧侶の行為が正しく理解されず、形だけにとらわれた結果に由来すると思われる。しかし、そう思わせるような僧侶側からの一般の人々への不十分な働きかけが一因であったかとも思われる。

現代だけではない戒名批判

ことわざにも見られるように、僧侶や寺などへの批判は、近代になってからのものではない。江戸時代に檀家制度が確立されてからは、信仰による僧侶あるいは寺と信徒との信頼関係に、寺請《てらうけ》制度に見られるような幕府による支配の末端に位置付けられるようになると、ある種機械的な関係が持ち込まれるようになった。そこには、信徒が積極的に寺を支えていくという意識とともに、制度として寺を支えていくことを求められるような状況が生じてくる。こういう関係は、現代社会では制度としてはなくなったものの、慣習的な関係として残ってきているようだ。

このような関係から出てくる非難には、僧侶が不当な利益をあげすぎているという意識があるようである。僧侶の生活そのものが檀信徒にどう映っているのかを見ると、卑俗な言葉だが、「坊主丸儲け」といった見方に象徴されているといえそうである。戒名に関する問題も、近世の寺檀制度が確立されて以降の、僧侶に対する批判の一つとして出てきているということが考えられる。戒名をめぐる問題は、現代に始まったことではなく、歴史の中にすでに含まれてきていた面もあり、その根は深いといえる。この点も含めて戒名の歴史についてはのちに論ずることにしたい。

現代社会の不満

先のテレホン相談の結果から、もう少し現代社会で捉えられる葬儀や戒名に対する指摘を見ていこう。

現代では、言葉の持つ本来の意味すらわからなくなってきているようだ。たとえば言葉の問題として、密葬というのは内々で葬式をすることをいい、本葬に対するものとして使われているが、テレホン相談での一般の人の感覚では密葬とは、僧侶を呼ばずに、ひそかに家の者だけで行うもので、お金のかからない葬儀だと考えられているらしい。このことは、まともな葬儀をすると負担がかかりすぎるので、密葬にして僧侶を呼ばなかったということのようだ。

また戒名というのは、島田裕巳《しまだひろみ》『戒名――なぜ死後に名前を変えるのか』（法蔵館、一九九一年）によれば、『現代無用物事典』（新潮文庫、一九八九年）の筆頭に挙げられているようなもので、お寺さんはひところ問題となったキャッチバーと同じだという乱暴な論理だが、「たった一行の戒名で一千万円、それも虎の巻を見て二、三分でつけてしまう。こんな高い原稿料がありますか。都会のお寺はふだんお客がいないものだから、たまに来た客から徹底的にしぼる。キャッチバーと同じです。それに、仏教を信じていない人に戒名をつけるのは詐欺《さぎ》ですよ」とある。江戸時代にも岡山藩の藩儒であった熊沢蕃山《くまざわばんざん》が『大学或《わく》問《もん》』の中で、「出家は盗賊と同じである」というように、江戸時代以降も同様な批判が今日まで続いているといえそうである。それは寺院と檀信徒間に信頼関係が失われているということからくるものであり、「戒名料が高い」という点だけで見てしまうようになったのが原因だろう。

他には、僧侶に対する不満が非常に多く、信頼できる僧侶がいたら教えてほしいというものがある。医者に対する場合と同様で、どこの医者がいい、悪いということを平気で論ずる。昔はお医者さんにすべてを任せる、いわゆるパターナリズムというか、親と子のような関係で親のようなお医者さんにすべてを任せた。ところが、今はそうではない。お坊さんの世界と同じように、お医者さんの世界でも信頼できるお医者さんを教えてくれという。そういう需要に応えるためかと思われるが、『名医辞典』というのが出てくるくらいなのである。そのうちおそらく新装版『名僧辞典』が出るのではなかろうか。どこの地域の人は、どういうお坊さんに頼めば、布施はいくら、規模は、時間は、場所は、引き物は、通夜・葬儀後のと、すべてが索引を使えばわかる。お坊さんに信頼が置けないと檀信徒が判断したら、何も檀信徒に止まることはない。いままで寺は先祖代々の菩提寺として従属してきたが、信教の自由の時代なのだから、信仰もないのに戒名なんか付ける必要はない。いっそのこと、僧侶なしで火葬場に直行しての直葬（「ちょくそう」とも「じきそう」とも読む）をして、荼毘《だび》に付した骨は月を墓場にロケットで打ち込む月面葬、宇宙を遊泳したければ宇宙葬、山が好きならば樹木葬、海が好きならば散骨、と自由に選んだらいい。従属する寺から選ばれる寺に変わっていくのかもしれない。

戒名無用論

島田裕巳は『戒名無用』（メディアワークス、一九九九年）の中で、いろいろな人が自分で戒名を勝手に付けている事実を紹介している。たとえば、幸田露伴《こうだろはん》は一九〇四年（明治三七）四月十三日に亡くなった友人であった文芸評論家の斎藤緑雨《さいとうりょくう》に「春暁院緑雨醒客」なる戒名を授け、森鷗外は一九一六年（大正五）に亡くなった母に「硯山院峰雲競谿水大姉」と命名し、菩提寺である向島《むこうじま》弘福寺の住職に枕経《まくらぎょう》をさきげてもらっている。島田氏は自分に戒名を付け、他人に対しても戒名を付けている事実から、戒名が仏教と関係のない死者の名前である以上、僧侶でない人間が付けることも可能だとして、戒名がいるならば、俗人戒名を勧め、「俗人戒名作成チャート」を考案している。島田氏がいうように、戒名が仏教に帰依《きえ》する名前ではなく、故人を讃えるか故人のイメージを彷彿《ほうふつ》させるものであるならば、幸田露伴が友人に「〇〇醒客」と付けたように、酒好きの人に「酩酊院《めいていいん》〇〇」とかという戒名を付けることも、戒名を仏教との関わりを無視すればあり得る現象であろうか。

しかし、戒名とはそんなものであろうか。「提言へのコメント」に述べたように、確かに現代社会は死生観の変化にともなって価値観が多様化している時代である。問題は戒名だけにとどまるわけではなく、わかりやすい例を挙げてみよう。

より丁重な戒名をという考えから、寺との関わりに関係なく院殿号が付いたりして字数が増えてきている。あまりにも長くなってきているので、原点に戻って戒名による格差をやめて二字戒名でよいのではないかという論議もある。たとえば真宗ではお釈迦様のお弟子さんという意味で「釈〇〇」と付け、浄土宗なら「仏子〇〇」という戒名に統一していったらどうだろうかというものである。そこには高いとされる戒名料への批判に対する一つの対応が示されている。

「香典《こうでん》バンク」といったものを作って社会福祉事業を検討すべきではないか、といった声もある。最近「供物供花一切お断り、平服でお越しください」という新聞広告がでる。しかし、「自分の父親が亡くなったときに故人からたくさんの香典をいただいた。あのときに本当に助かってお葬儀を出すことができた。今度はその人が亡くなったんだから、裕福になった今、倍の香典を出したいと思ったところ、受け付けてくれない。どうしたらいいでしょうか」という。そういう人たちのためにも、香典バンクを作って、そういう香典を貯蓄しておき、それを仏教の興隆のために充てればいいではないかといった意見（巣鴨平和霊園の松島如海氏）もある。

また、遺骨に関しても問題が起きている。とくに関西方面では「遺骨お断り」という人がずいぶん出てきた。たとえば、おつき合いもないおじ・おばの遺骨などいらないという具合である。以前、山手線の電車の網棚の上に遺骨箱をさも忘れたかのごとく置いてきて捨ててしまうといった事件があった。今は申し出れば、火葬場でも遺骨を引き取らなくてもいいことになっているので、さすがにところかまわずに遺骨を捨てることまではないだろう。和歌山や奈良では、申し出れば遺骨を一定期間保存のうえ処分するシステムを採用しているし、大阪では、堺《さかい》市立の堺葬儀場、豊中《とよなか》市の火葬場は、書面で申請すれば遺骨は持って帰らなくてもよいことになっている。今、関西を中心に遺骨を引き取らないという考えをもった人が出現しており、全国に波及している状況にある。

現在、散骨《さんこつ》は遺骨埋葬の一つの形態として一定の方法のもとで可能となっているが、埋葬以前の遺骨の扱い方にこれまで予想もされなかった事態もあらわれてきている。

こういう事態についても、僧侶あるいは寺やその属する宗派、もっと大きくいえば仏教界全体の問題として、葬儀など必要でないと考える人々への信仰心をもととした働きかけをどうしていくのか、寺側としてどのように教化対策を練っていくのかが求められ、注目されているのではないだろうか。

戒名の地域性と死生観

先に浄土宗《じょうどしゅう》の戒名《かいみょう》問題シンポジウムの提言とし、次の二点に集約して述べた。

戒名問題の分析

① 何が故に戒名および戒名授与について問題が起こり、起こってきたのかの状況分析・認識が要せられる。

② 僧、教団ともあまりにも世俗化しすぎている。このような状況から脱皮して、教化仏教としての本来の姿に立ち戻ることが急務である。

この二点を具体化して述べると、現代の文化的特徴として水平的な次元では、「地域性の考慮」「死生観の分析」を行なって一刻も早く「信頼を回復」して、正しく戒名問題を理解すべきであると考えたい。そのため以下このテーマを考えていきたい。

地域差の考慮

歴史の考察には二通りある。一つは過去から現在に編年風に論ずる仕方と、現状から問題の在り方を見、現在から過去に遡及する見方とである。ここでは、後者の見方に立って、宗門による教化実態について見ることにする。

浄土宗を例にすると、伊藤唯真《ゆいしん》氏が前述の浄土宗のシンポジウムで挙げているように（「戒名――その問題点と課題」『教化研究』一二、二〇〇一年、二七〇―二七一頁参照）、現状は関東地方よりも近畿地方に五重相伝《ごじゆうそうでん》が圧倒的に多く営まれているという。五重相伝とは、浄土宗の教えをまとめた五十五箇条をさらに五つに分けて檀信徒に伝えるもので、浄土宗七祖聖冏《しようげい》が一四〇三年（応永《おうえい》一〇）に五重指南目録を作って以降のこととされる。

その伝授については、江戸時代には許可されていなかった。一六六五年（寛文《かんぶん》五）に宗教統制が強化される前に、幕府は一六一五年（元和《げんな》元）に「浄土宗法度《はつと》」を出している。その第四条に「在家《ざいけ》の人に対し五重血脈を相伝すべからず」とあり、第二十六条に「一向無智の道心者など道俗に対し十念《じゆうねん》を授け、男女を勧め血脈《けちみやく》を与ふるは、まことにもつて法賊なり。自今以後堅く停止《ちようじ》すべきこと」とある。また、一六八六年（貞享《じようきよう》三）寺社奉行《ぎよう》加判、増上寺《ぞうじようじ》発布の「定め書き」の中にも、「在家人に対しみだりに五重相伝すべからず。所化あるいは隠者のやから密許の聞こえあるの間、もしその人露見《ろけん》次第屹度《きっと》くせ事あるべきこと」とあるように、檀信徒に対する一切の教化布教活動は許されなかったのであった。江戸は幕府の膝元《ひざもと》で法度に対する遵守《じゅんしゅ》する姿勢があり、伝統的に持続される傾向にあったのに対し、関西は幕府から離れている地理的関係から比較的自由な活動が見られることもあり、教化者が結縁《けちえん》のために檀信徒に五重相伝を授ける「化他《けた》五重」も行われることがあったといえる。

このように、関東地方は法の遵守という面では規範的であり、関西は上からの規制に対して一定の自由を留保して振る舞うことができたといえるが、異なる見方をすれば、関東地方は変化に対して比較的素早い反応を見せ、ある意味で進歩的であり、近畿地方では個々の対応が前面に出やすく保守的・伝統的であるということも可能である。たとえば旧暦から新暦（グレゴリオ暦）への切り換えは一八七二年（明治五）十二月であるが、その後の展開は、お盆を例に取ると関東地方は比較的早く新暦を採用して七月十五日としたが、近畿地方は季節感を尊び、未だに月遅れの八月十五日にしたのもその例である。

昔ながらの墓地景観を一変させた芝生墓地は、一九六七年（昭和四二）八王子霊園の開設以後、瞬く間に関東地方に広まったが、関西ではその歩みは遅々たるものであり、一つの例証と見ることもできる。

このことは、地域の総合調査として知られる、一九六二年から日本の地域性を共通課題のテーマと掲げた九学会連合――宗教学・社会学・人類学・民族学・民俗学・考古学・心理学・言語学・地理学、後で東洋音楽が加わった学会連合――の調査結果を見てみると、宗教・県民性・言葉などからして、鈴鹿山脈がどうやら日本の東と西を分け、性格的な違いを見せることがあるらしい（藤井正雄「宗教の分布から見た日本の東と西」『国文学解釈と鑑賞』二八巻五号、一九六三年三月）。このような東日本と西日本との相違点はいくらでも挙げることは可能である。

地方への分権

墓地を例にとると、墓地の新設や拡張については一九四八年（昭和二三）五月三十一日法律第四十八号「墓地埋葬等に関する法律」（略して墓埋法）の第十条第一項「墓地、納骨堂又は火葬場を経営しようとする者は、省令の定めるところにより、都道府県知事の許可を受けなければならない」となっていた。ところが、一九八三年（昭和五八）十二月十日法律第八三号「行政事務の簡素合理化及び整理に関する法律」が施行《しこう》されて、第十条第一項「省令の定めるところにより」が削除された。この法改正は、国の行政改革の地方への権限委譲の一環として実施されたもので、従来、墓地・納骨堂または火葬場の経営の許可権は都道府県知事の機関委任事務であったものを、団体委任事務としたものである。ここにいう機関委任事務というのは墓地・納骨堂または火葬場の経営の許可権は主務大臣である厚生大臣の指揮監督の下で処理されることになるのに対して、団体委任事務の場合には地方公共団体にすべてが委任されて、許可権は地方公共団体の事務となるものである。

このような機関委任事務から団体委任事務への移管は、墓地などの経営が高度の公益性を有するとともに国民の風俗習慣、宗教活動、各地方の地理的条件によって異なるので、一律的な裁量基準よりも各地方ごとの判断に委ねた方が合理的とされたのであった。この処理は、二〇〇〇年（平成一二）四月からの地方分権による地方自治体の「自治事務」となって結実するといった経緯を踏んでいる。

この地方への分権は、地域差を考えていく上できめの細かい対応が以前より期待できるかもしれない。

戒名授与は死後授与が圧倒的となっている状況から見れば、葬儀自体が墓地と同様に地方的な習俗との絡みが多いだけに地域性の考慮が不可欠であるといえる。その証拠に、のちに戒名の構成と付与の仕方のところで述べるが、受戒に際してなされる「戒名授与」が、院号・位号の付与の仕方に地方による相違が見られることもあるからである。

死生観の変遷

前述の浄土宗総合研究所の主催したシンポジウムで、伊藤唯真氏は「提言」について解説を行なった。その際、「提言」では生前授与と死後授与とに分けているが、歴史的過程の中で戒名授与が定着してくると、臨終《りんじゅう》授与が出現してくるとする（前掲書『教化研究』一二、二六七―二七〇頁）。ここにおいて戒名授与には生前授与・臨終授与・死後授与の三種類があることになる。

生前授与についてはのちに詳しく述べるが、仏門への帰依《きえ》の表明で本来的なものであることはいうまでもない。臨終授与の歴史は非常に古く、文献的には九世紀中ごろ仁明《にんみょう》天皇が死の二日前に病気平癒《へいゆ》を願って落飾《らくしょく》入道《にゅうどう》する際に制戒《せいかい》を受けたと『続《しょく》日本後紀』は伝えている。

ところが、死の二日前は臨終とはいわない。また「臨終」とは文字どおりまさに「死に臨んで」の意味であり、命がなくなるという意味の「命終《みょうじゅう》」とは区別される。「臨終」は概念的には「命終」よりも時間的な幅があるからである。のちに触れるが、当時は経験的にものを考えていたので、人がいつ亡くなるのか判らなかったのである。このことから「死を迎える覚悟を持つ」というような意味に取れば、文意は二日前でも臨終であったといえる。

臨終時に出家するとは、自分の来世《らいせ》を仏教に託するという意志表明であって、来世信仰の存在があってはじめて可能であった。ところが、時代を降るにしたがい、十二世紀の院政期には臨終で出家できなかった故人に対して死後に戒名を授けることが行われるようになった。法然《ほうねん》（一一三三―一二一二）が念仏《ねんぶつ》生活上の諸種の質問に答えた『一百四十五箇条問答』（『和語燈録《わごとうろく》』巻五に所収）には、「死に候わん者の髪は剃り候べきか」との問いに「必ずしもさるまじ」と答え、「髪をつけながら男、女の死に候はいかに」の問いに「髪により候わずただ念仏と見えたり」と答えている。この問答の中で、髪を剃り落とすとは出家者の形にして戒名を授けることをあらわしている。法然は必ずしもそうしなくてもいいと答え、髪を剃る、剃らないということは第二義的なことであって、第一義的には念仏を申すことであると明言している。いうならば形式化の否定であり、信仰に生きるべきであることを薦めている一文である。

この問答からすでに臨終授与が形骸化していることに苦慮している様子がうかがえるのであり、戒名の生前授与が本来的な在り方であったが、続いて臨終授与・死後授与と移ってきた。今や死後授与が七割以上にも達している状況にある。最初は形を整えながらも仏教に死後を託そうという信仰に裏付けられて戒名の授与がされていたものが、時代を経て、生前―臨終―死後と三段階に変化を見せながら徐々に形骸化することとなり、信仰そのものが後退してしまい、死後の往生《おうじょう》を保証するような意味あいに機能するように変わってくる。さらに死後授与が葬儀の場に移ってくると、戒名授与にふさわしい信仰が故人や遺族に期待できなくなれば、戒名授与に伴う宗教的意味が薄れてしまい、決められた戒名の文字だけが問題とされるようになってしまうことになる。

仏教思想の面から見て、時代が下るにしたがい形骸化することは仏教全般についてもいえそうである。たとえば歴史思想としての末法《まっぽう》を考えてみれば一目瞭然である。いうまでもなく末法とは仏教における時代観で、正法《しょうぼう》→像法《ぞうほう》→末法の三時をいう。正法は教（教え）・行（修行）・証（さとり）が正しく備わっている時代、像法は教と行はあっても証のない時代、末法は教えだけが残っているだけで、人々がいかに修行してさとりを得ようとしても不可能な時代をいう。この思想はわが国においてはすでに奈良時代にはあり、平安時代以降は吉蔵《きちぞう》の『法華玄論《ほっけげんろん》』の説に基づいて、正法一〇〇〇年、像法一〇〇〇年説が一般化していった。『扶桑略記《ふそうりやっき》』一〇五二年（永承《えいしょう》七）一月二十六日条に「今年始めて末法に入る」とあり、この記事を裏付けるがごとく災害や戦乱が続発したために、末法意識が強まった。

この末法の世を救う教えとして浄土教があらわれたのであり、法然が臨終授与が形骸化していることに苦慮する民衆に対して、形式に囚われずにもっぱら念仏をといったのは宜《むべ》なる哉《かな》である。正像末の三時は確かに時代を降るにつれて、人々が教法を受容する能力が次第に衰えていくとする史観ではあるが、この自覚の深まりをもって正法の繁栄とみる史観もあるということを忘れてはならないであろう。

死の迎え方

戒名授与は生前授与・臨終授与・死後授与と移り、今や日本仏教界において死後授与が七割以上にも達している状況にあることを述べてきた。現代のように、葬儀の場で戒名が故人に授与されることが一般的なこととなっているので、ここでは現代の葬儀の実態に触れながら、戒名との関わりを見ていきたい。また、日本特有と思われがちな葬儀も、現代社会では西欧の直接的な影響を受けていることも視野に入れておきたい。

フランスの歴史家フィリップ・アリエスは、一九七五年の著書『死と歴史』（みすず書房、二〇〇六年）の中で、西欧人が中世以降、死に対してとってきた態度の変遷を二千年近くの長いタイムスパンで考察し、「飼いならされた死」「己の死」「汝《なんじ》の死」「タブー視される死」の四つの主題でとらえている。その二年後に刊行された『死を前にした人間』〈成瀬駒男訳、みすず書房、一九九〇年〈原著は一九七七年〉〉でアリエスは、「汝の死」の前に「遠くて近い死」の類型をおいている。「タブー視される死」は「倒立《とうりつ》した死」とも表現している。自己意識、未開の自然に対する社会の防衛、死後の生への信仰、悪の存在への確信という四つの変数をすえて、「死」を次の五つの類型に整理し、死への意識を歴史的に特徴付けている。

第一の「飼いならされた死」の類型は、死期が迫ってくればその時期を知り、そのための準備をし、静かな諦観《ていかん》とともに共同体の一員として死んでいくという類型である。

この類型は十二世紀以降、現世に執着し不幸な個人の死の様相が前面に押し出され、十三世紀以降、死後の「最後の審判」をひかえて生前の行為の総点検が行われるという信仰の出現で「己の死」の類型に代わる。

十六世紀に入ってから、これまで身近であった死が、少しずつ暴力的で、陰険で、人を恐怖させる野蛮なものに遠ざかり、「遠くて近い死」の類型になっていく。

十九世紀になると、家族は死の現実を本人には隠し、本人も気付かぬふりをするパターンとなって、これまで厳粛な死の床であったものが、号泣・祈り・身振りや手振りが加わった激情が支配するようになる。いうならば、家族や恋人の死が強い衝撃を引き起こすロマン主義的な「汝の死」の類型になる。

最後に、現代における病院死では枕辺での最後の別れはできなくなり、臨終はかつての美しさを失ってしまい、「倒立した死」の類型になる。

病院での死は、その決定権が医師と看護スタッフに移っている。看護の停止によって生ずる技術上の現象が死であり、死は一種の小きざみな段階に解体・細分されているので、死は医師による決定がどの段階でなされるかの問題であって、最終的にどれが真の死であるかわからなくなっている。死に逝くものはその前に意識を失っているので、親戚や友人の集まる中で儀式を主宰することもできないことになる。死に対する激情は、病院でも社会でもタブーで、私的にひそかにだけ許されるものとなる。前著で「タブー視される死」と名付けた所以《ゆえん》もここにあり、社会・近隣・友人・同僚・子供たちは死が通り過ぎるのをできるだけ気付かぬようにする。埋葬《まいそう》後に家族への弔意《ちょうい》の表明も為されず、喪服の着用もなくなり、墓参に訪れることもない。

このような死からの逃避は、死者に対する無関心さに由来するのではない。タブー設定の直接的原因は、幸福の必要性、いうならば悲しみや嘆きを招くような原因を避け、悲嘆のどん底にあっても、いつも幸せそうなふりをして集団の幸福に貢献するという倫理的義務と社会的強制が機能しているからであるという（前掲書『死を前にした人間』六〇頁）。

以上に見てきたように、アリエスは、死の主導権が共同体から個人に移り、さらに自己から家族に、そして現代において医師、看護スタッフへと委譲されていく経過を西欧社会において類型化したのであった。時代区分や死のタブー視などについては文化的脈絡を異にする現代日本には適応しかねるが、その変化する過程に見られる類型化は大枠ではほぼ日本にも当てはまるといえるであろう。

臨床死

現代人の懐く死の概念はきわめて多様であるが、大きく分ければ「臨床死」「生物学的死」「民俗的死」「社会的死」「宗教的死」の五種に分類することができるであろう。以下に、それぞれの死の特性について、西洋思想を援用しながら、日本における現代の様相に当てはめながら検討してみよう。

上述のように、フィリップ・アリエスは、死をめぐる主導権が共同体から個人に移り、さらに自己から家族に、そして現代において医師・看護スタッフへと委譲されていく経過を西欧社会において類型化したのであったが、アリエスが指摘している現代の特徴としての病院死は、現代日本においてもいうことができる。すなわち、神秘的な生の誕生と厳粛であるべき死の看取りの場は、日常生活の場から遠ざかり、その聖域は病院に移りつつあるのが現状である。具体的には、ほぼ一〇〇%に達する病院での出産、八〇%以上の人々が病院で死を迎えているという現実である。ますます高齢化社会の「化」がとれて高齢社会が進行する中で、在宅死に代わる病院死の増大は、関係する家族や仏教者にとって神秘的な生の誕生と厳粛であるべき死の看取りの機会が失われたことを意味するという点できわめて重要である。

病院死は、アリエスが述べるように、死の決定権が医師・看護スタッフにあり、死とは看護の停止によって生ずる技術上の現象でしかない。いわば死は全細胞死に向かってのプロセスとして展開していくのを、近代医学は技術的に不可逆的に死に向かって進行する起点をもって、すなわち蘇生《そせい》しない時点を死と捉えたのであった。わが国では、すでに西欧にあっては医師法が成立していたころに、すなわち一八五八年（安政五）にようやく西欧医学の解禁をしたのであって、死の判定を医師の専権事項と定めた医師法の制定は遅れていた。西欧に遅れること半世紀、一九〇六年（明治三九）のことである。しかも、現代でも一般医にあっては、いわゆる心臓死の三大徴候である心臓の鼓動の停止、呼吸の停止、瞳孔《どうこう》の散大の診断は聴診器と懐中電灯を用い、患者の脈をとって死を判定し、臨終を告げるのが常である。すなわち、「何時何分に逝去」といった点として示される社会の約束事としての、法律上の医師の宣告による死である。

「墓地埋葬等に関する法律」（一九四八年〈昭和二三〉五月三十一日号外法律第四八号、最終改正一九九九年〈平成一一〉十二月二十二日法一六〇号）において死後二十四時間を経ないと埋葬も火葬も禁止していることは、死がプロセスであることを前提とするものであることは明らかであるが、現実に遺体が冷たくなり、死斑《しはん》があらわれ、死臭が漂い、やがて遺体の硬直が始まるのをこの目で見ることができるという意味では、心臓死は「見える死」である。一方、心臓がレスピレーターを装着しているとはいえ、鼓動し、体温が保持されている状態で診断される脳死は、状況は「生」を示しているように見えながら、蘇生の不可能なことを示すとされ、専門家でない者にとってはまさに「見えない死」であるといえる。

脳死が目に見えないのと同様に、生、すなわち命がいつ始まるのかもまた見えないのである。もしやと思って産婦人科医を訪ねると妊娠三ヵ月（一九七九年〈昭和五四〉一月一日から施行された法務省・厚生省などの省令の一部を改正する省令により、出産証明などの妊娠期間の算定方法が「月」単位から「週」単位に変わった）との診断、しかし受胎の瞬間から此《こ》の時にいたっても胎児の命はいまだ「見えない生」である。母親として胎児の存在を実感するのは、お腹が誰の目からみてもわかるほど大きくなり（「感ずる生」）、しかも時には腹の皮を蹴破る程に手足を活発に動かすようになってから以降だという。しかし、我が子は母胎を離れて、はじめて目にすることができるのであって、胎児でいる限り依然として「見えない生」のままなのである。

「見えない生」の起点、すなわち生物学的な意味での生命の始まりは、見えないが故に、「見える死」から考える糸口をたどることになる。「見える死」、すなわち心臓死が心拍の停止、呼吸の停止、瞳孔の散大という死の三徴候によって点として判定されるということからすれば、心臓、呼吸器、複雑な神経系の臓器の出現こそが生命の始まりということになる。心臓死に対して、脳死は「見えない死」であるが、死を点として見る限り同じで、脳という臓器の機能分化が生命の始まりということになる。通常、受精卵が分裂し始めてから十四日経つと、受精卵の真中に黒い線が出てくる。黒い線は原始線条と呼ばれるもので、その後の臓器の機能分化が始まるとされている。日本産科婦人科学会が一九八三年（昭和五八）十月に発表した「体外受精・胚移植に関する見解」で、「ヒトの生命がいつ始まるかは議論のあるところ」ではあるがとしながらも、「臓器の分化の時期をもって生命が始まる」とする立場を明確に打ち出している。概念の上で生と死の整合性が科学として問題とされるからである。

生物学的死

　死の判定が医師の専権事項とされる以前は、死は決して「点」として認識されていたのではなかった。死を宣言されてからも、医学的には身体の細胞は生き続ける。髭の濃い人などは六時間も髭は生え続ける。体温はほぼ三時間で一・五度位下がり、それ以降急速に低下し冷たくなっていく。体温の低下は死斑の出現、死後の硬直を伴っていく。死斑は死後二、三十分後に斑点の形で始まり、およそ三時間後にはそれらが融合して死斑を形成し、六〜十二時間後には全身に広がっていく。死後硬直は筋肉の収縮によって起こるものであるが、死後二、三時間で硬直は頭・頸《けい》部に始まり、六〜八時間で全身を覆う。この硬直は季節や地域によって異なるが、二、三日持続し、その後に腐敗が始まるというプロセスをたどっていく。

　このような生物学的な死に対応するように、葬儀式や葬送習俗が形づくられてきている。死は「往生」といわれるように、成仏《じょうぶつ》ないし浄土に生まれるまでの大事なプロセスのひと時であったのである。曹洞宗《そうとうしゅう》の喪儀法を見てみると、僧侶は悟りを開くほど修行を積んだ尊宿《そんしゅく》と志半ばで亡くなった亡僧《ぼうそう》とに分類される。「枕経《まくらぎょう》は静かに、早口で経を読むように」と口伝《くでん》として各地に伝えられているが、かつて亡僧の死に臨んで静かにしかも早口で経を読むことで、宗義の極意を授けたといわれている。この亡僧への枕経が葬儀の原点にあり、後の在家葬法にまで展開されたのではないかと思われる。仏式による葬儀一般の儀礼が臨終行儀に由来することは明らかであるが、その儀礼構造は、真宗《しんしゅう》を除いて、まず授戒会《じゅかいえ》でもって亡者《もうじゃ》に戒名を与えて仏弟子にし、経文《きょうもん》を聞かせて当該宗派のよってたつ教義を伝え、次いで導師の引導《いんどう》作法によって、浄土《じょうど》をたてない禅宗を除くと、仏弟子を浄土に送るのが特徴である。葬儀の原点が平安時代の恵信僧都源信《えしんそうずげんしん》にまで遡る臨終行儀にあり、その目的は宗義の極意をまさに亡くならんとする者に伝えることにあったことが、現在までの生物学的死の経過に対応する儀礼にうかがわれる。

民俗的死

一般の民衆は、死者が仏弟子となって十万億土のはるか彼方にある西方《さいほう》極楽浄土に旅立つという思いから、手甲《てっこう》・脚半《きゃはん》に身をかためた巡礼姿にして、六文銭《ろくもんせん》を三途《さんず》の川の渡し賃として棺にしのばせるなどして送り出したのであった。民俗のレヴェルでいう「喪」の始まりは、すなわち「死」の確認の時であるといえる。喪が始まるまでは香典《こうでん》は受け付けないし、線香も点じない地方も今なお多く見られる。喪の始まりを死の知らせをする時としたり、枕直しの後としたりするなどのヴァリエーションが見られるが、喪の始まる前に旅に出るなど止むを得ない事情がある場合、香典と書かずに「病気御見舞い」「御見舞い」として喪家に差し出す習俗も残されている。

また、現代は病院死が多くなったにもかかわらず、ほとんどの場合遺体はいったん自宅に戻り、布団に寝させられる。このことは生きている人として遇するのであるが、顔を白布で被うことは死者として遇していることになる。白布で被う行為は伝統芸能における黒衣《くろご》と同じであり、「見えない存在」であることを意味する中国伝来のサインである。「寝させること」と「白布で覆うこと」とは行為としては矛盾する。いうならば、生と死の境界状態にあることを示しているのである。だからこそ、喪の習俗が生まれたのであり、忌《き》中《ちゅう》・忌明《きあ》けから弔《とむら》い上げの習俗につながっていくのである。

日本文化における葬送習俗は、とりわけ祖先崇拝に根ざす仏教と民間習俗との相互作用からなる複合的産物である。このことは葬儀の執行と葬送習俗との関係が相互補完の関係、いうならば葬儀が葬送習俗に仏教的意味付けを与え、また葬儀は葬送習俗によって支えられていることをあらわしている。

たとえば、一八六七年にロンドンで刊行されたJ・M・W・シルヴァーの『幕末日本風俗図録』（*Sketches of Japanese Manners and Customs*）第六章（荒俣宏責任編集『かぎりなく死に近

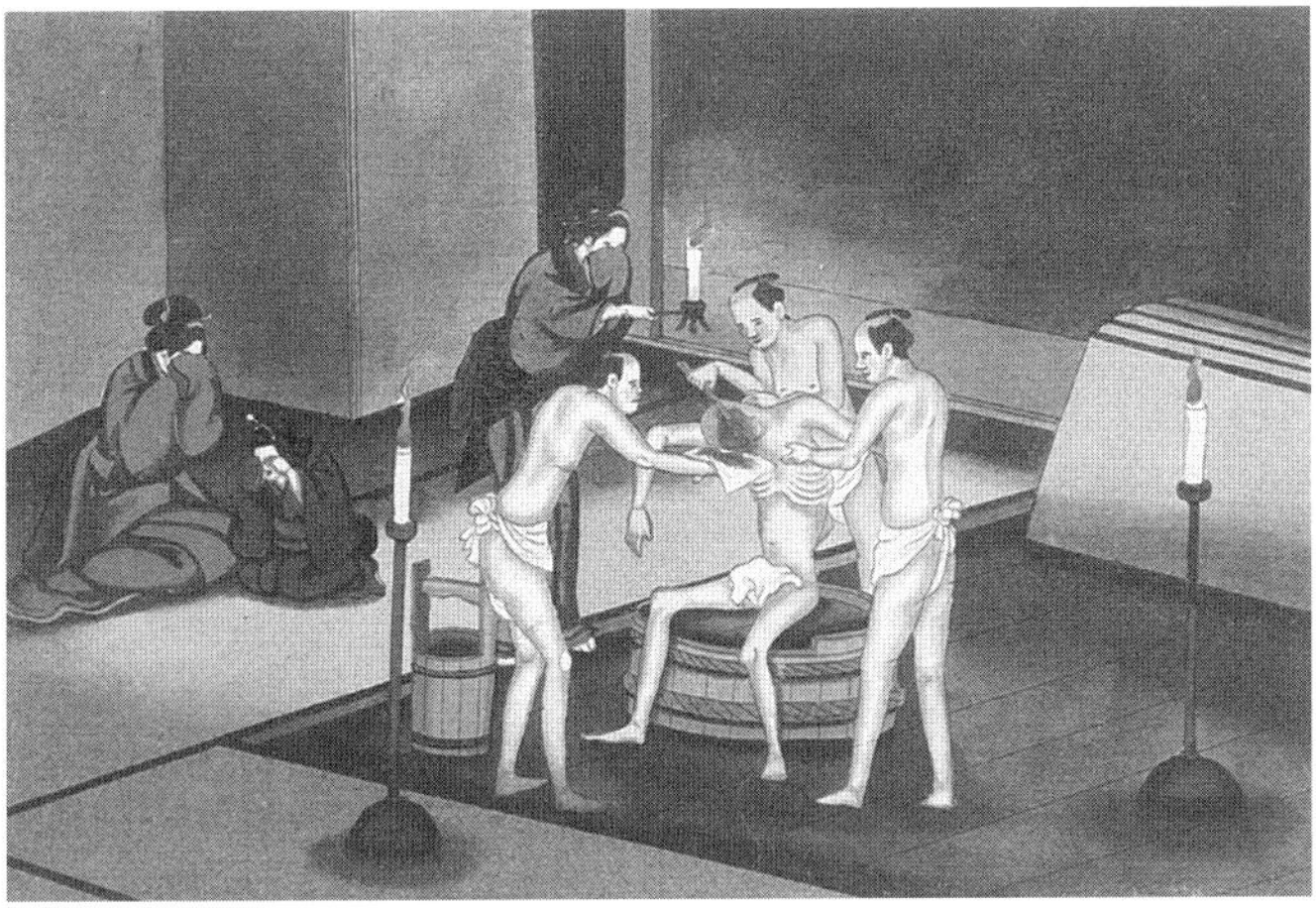

図3　湯灌後，死者の剃髪をする図
（『幕末日本風俗図録』より）

い生』WONDER X シリーズ2　所収、角川書店、一一一―一一三頁。なお、絵解きは筆者による）に登場する日本人絵師によって描かれた通夜《つや》にいたる様子を見ると、おそらく湯灌《ゆかん》が済んだところと思われるが、裏返した盥《たらい》をホトケの椅子代わりにして褌《ふんどし》姿の裸の三人の男が死者の剃髪《ていはつ》を試みている図と、すっかり丸坊主になった死者に経帷子《きょうかたびら》を着せて納棺《のうかん》している図が描かれている。この当時、男でも女でも亡くなれば仏弟子になる証しとして髪をきれいに剃るのが習わしであったと思われる。まさに「没後作僧」をイメージに訴えたものであったと思われる。

民俗的死と葬儀

亡くなれば、みな髪をきれいに剃るのが習わしであったことは、一九三三年（昭和八）の『旅と伝説』の中で全国各地の葬礼が特集（『旅と伝説』第六年七月号〈誕生と葬礼号〉、通巻六七号「各地の葬礼」三二一—三二八頁）で紹介されている。たとえば、新潟県中魚沼《なかうおぬま》郡では、「既に親戚が来り集まれば、死者の近親皆裸体となつて、屍体に集り先づ髪を剃り、体を洗ひ、又は拭き取りて清め、経帷子を着せ、棺に納め、紙にて作つた頭陀《ずだ》袋《ぶくろ》に、髪の毛、かさ（椀の蓋）、六道銭《ろくどうせん》等を入れて首に懸《か》け、手に珠数《じゅず》を掛け、棺の蓋をなし、台に載せて、座敷に据ゑ、先に枕頭《ちんとう》に供へし机を、棺の前に移す」（宮沢清文「新潟県中魚沼郡」同上、六二一頁）と記述されており、J・M・W・シルヴァーの記述とほぼ一致する。神奈川県津久井《つくい》地方では「昔は死者の頭髪は、男女共奇麗に剃ってしまったが、今は剃るものはない」（鈴木重光「神奈川県津久井地方」同上、八二一頁）といい、滋賀県高島郡では「納棺してから髪を剃ります。（中略）お剃刀を受けてないものは此時《このとき》か葬式の朝早く坊さんに剃髪式を行つて貰ひます。剃髪式と云ふのは何か御経の様なものを誦しながら二三度剃刀で剃る真似をするのです」（井花伊左衛門「滋賀県高島郡西庄村」同上、一〇七頁）という記述がある。以上の記述からすると、このころになっても剃刀をあてて実際に剃ってしまうところと、止めてしまったところとまちまちである。

と同時に、剃刀をあてて剃る真似をする現在の剃髪式への推移、いうならば習俗の衰退をうかがい知ることができる。さまざまな儀礼が、実際にされていたことが真似ごとに移行し、もっと進んだときには行為の意味が忘れられ行われなくなるという過程をたどり、葬儀の形骸化を招く要因になるのである。

栃木県塩谷郡栗山村では、古代のモガリと結び付くような葬送習俗が見られる。野門《のかど》地区では、病人の意識が失いかけると、枕元で近親者が米の入った竹ズッポを力の限り振りながら病人の名を大声で呼ぶ（魂呼《たま》び）。息を引き取っても、その後一昼夜は死者の口元を水で濡らし続ける（末期《まつご》の水）。翌日の昼ごろ、「某（その人の名前）今までのように休んでいるわけにはいかないんだから、向こうへ行く準備で床を返すよ」といって枕直しをする。

死者は北枕にして寝かされ、足元には逆さにした着物が掛けられる。次に囲いが作られる。四枚の帯戸《おびど》をはずし、そのうちの三枚で三方を囲い、残りの一枚で蓋をする。囲いは崩れないようにシイの樹皮でなったショイナワで縛る。囲いの上には鎌をのせる。囲いの外の死者の枕元に当たる所にマクラメシ、香炉、木を削って作った花が供えられる。囲いが解かれるのは葬儀に先立って営まれる湯灌の時で、完全に囲いが取り払われるのは入棺が終わってからである。棺の側に依代《よりしろ》であるタマシイが置かれる。葬儀のあと出棺となり、長男がタマシイを持って墓に向かう。

この事例を報告した島田芳行は、死体の硬直が解け腐敗していく時期と帯戸をはずす時期とがほぼ一致していることから、この時期にいたってはじめて死を確認したのではないかと見る。肉体に霊魂が入っている状態を「生」、遊離した状態を「死」と考えれば、帯戸をはずした段階が霊魂の遊離する時期と見ることができ、このことはこの地方独自のタマシイの存在からうかがい知ることができると述べている（島田芳行「死者を囲む習俗についての一考察」第四五回日本民俗学会年会における発表レジュメ〈国学院大学栃木短期大学、一九九三年十月三日〉参照）。死者を囲う習俗は鎮魂《ちんこん》を願った古代からのモガリの遺風と見ることができる。そして、仏教葬儀が浸透すると、枕直しで病人に死の覚悟をさせ、囲いの中にあって静かに通夜の経文を聞いて仏弟子となって、翌日の葬儀で引導を渡されて浄土に赴くといった意味付けが施されていったものと理解できるであろう。

いうならば、枕経（当日）→通夜（翌日）→葬儀（三日目）は死体の硬直が解け腐敗していく時期にあたる。この時期にいたってはじめて死を確認して葬儀を営んだのである。まさに葬儀式や葬送習俗は死のプロセスに対応する形で構築されてきたのである。死体は単なるモノではない。意志・感情を持ち、生者の難病をいやす力を秘めた存在体なのである。また一方で、供養しなければ祟る存在になる、おそろしいものと日本人一般に受けとめられていたのである。死相をみればどのような思いをこの世に残して死んだかがわかるものとされ、死にざまは死後の生活の幸・不幸を暗示するものであった。すなわち、死体がモノではなく祟る存在体であるから、実際に埋葬する墓と埋葬後に詣《もうで》る墓が存する両墓制では、死体を放棄する面があり、単墓制では祟りを鎮めるために祭祀《さいし》を営むのだといえなくもないであろう。

ここでひとこと触れておくとすれば、日本人は生と死を、ある時点を境にして考えるのではなく、循環する永遠の命の環の一つの連続するものとして見てきている。問題として浮上することは、押し寄せる霊肉分離の西欧医学（臨床《りんしょう》死）と伝統的に培ってきた霊肉一致・身心一如の思想（民俗的死）との相克《そうこく》を、どのように理解し対処しようとしてきているかだろう。

社会的死

社会的死は疑似死ともいえることで、疑似死体験（quasi death experience）の増大――高齢化社会、病院死の増大に呼応して起こった現象である。カーマンは子どもの独立・結婚、自身の定年などの例を挙げ、生前における疑似死体験の増大に関心を寄せている。

たとえば地方に居住する一家の子どもの独立を例に取ってみよう。娘が東京の大学に入学したとする。母親が娘を案じて電話をする。娘にとって堅苦しい家を離れてようやく一人になったと思ったら母親からの電話である。つい億劫になって、「今、レポートを書いているの。急ぐのでまた後でね」と電話を切ってしまう。母親は娘の返事に忙しいときに電話してしまったと驚いて恐縮しているが、父親からの伝言を伝えねばと思い、仕事が手につかずうろうろするが、数時間後に意を決してもう一度娘に電話してみると、娘の電話は「ただいま留守にしています」と、留守番電話に切り替わっている。この時の母親の心境を考えてみよう。

誰が墓参りに来たかわからないといけないので、墓に「名刺受け」を設置するのが流行したことがある。ついでに故人の生前の声を聞かせたいとして、あらかじめ録音しておいてスイッチが入ると故人の声が流れ出す装置を考案した男がいた。墓参りの際に、「本日はよくお参り下さいました。厚く御礼申し上げます。私は元気で極楽で幸せに日々を送っています。一刻も早く貴方が極楽にくる日をお待ちしています……」という故人の声が聞こえたら、あなたはどう思うだろうか。

ここで「死」とは何か、を考えた場合、この文脈からすれば「死とはコミュニケーションが一方通行になることである」ということになろう。スイッチを入れればなんども同じ声が聞こえてくるのであって、死とは相手とコミュニケーションが図れなくなったときといいかえることができる。

先の例で、留守番電話に切り替わった時が相手の娘とコミュニケーションが図れなくなった時であって、母親は死に遭遇したときと同じような体験＝疑似死体験をしていることになるのである。

もう一つ例を挙げてみよう。元気な父親が突然病気になって入院してしまった。父親の長期療養は留守家族にとっては、父親はもはや家庭の中では何の役割もなく、疑似死の状態に置かれる。父親の死は家族に安堵感をもたらす。

概して、多様化する死の概念も、時間の経過とともに死はいつしか思い出に変わっていくのが正常なパターンであるが、すぐに死を忘却してしまうパターン、生前のままに書斎のたたずまいを残して死をいつまでも忘れない死のミイラ化のパターンの三種に大別される（Jack B. Kamerman, *Death in the midst of Life. Social and Cultural Influence on Death, Grief, and Mourning*, Prentice Hall, 1988, p.87.）。

生活の場で地位・役割喪失といった場合、死の体験ときわめて似ているという意味で「疑似死」と命名したが、死後もなお社会的に影響力を持つ死を、仮に「社会的死」と名付けてみたい。昔はよく「虎は死して皮を残す」といわれた。名著は著者が死しても永遠に読み継がれていき、名曲もまた不滅である。

宗教的死

仏教では、死は「往生」といわれるように、成仏ないし浄土に生まれるまでの大事なプロセスのひと時であった。現代医学にいう「点としての死」は、仏教用語ではすでに触れたように、「命終」であり、臨終とは命終に臨む、いうならば死に際である。平安時代の浄土宗僧の源信の場合、臨終行儀は命終前後の儀礼を時間の流れの中に体系化したものであり、「プロセスとしての死」に即したものであったといえる、まさに葬儀の原点が枕経にあることは先に見たとおりである。

仏教では教義上からいって仮の存在体である身体そのものに重きをおかないという身体観を、生き死にの問題と絡ませると、「生死一如《しょうじいちにょ》」「身心一如」が仏教の死に対する根本的立場として説かれることになるのである。生と死とは分離して考えられるものではなく、死を離れた生がないように、生を離れた死もないのである。

最近問題になっている脳死問題についてひとこと触れると、脳死は脳の部分死ではあるが、不可逆的に他の臓器の部分死に波及して最終的には全体死にいたるとする考えであって、生の領域に死が侵入するという、まさに生と死を分離してみる考えで、生死一如の仏教とは乖離《かいり》した見方といえる。

曹洞宗の宗祖道元《どうげん》禅師は『正法眼蔵《しょうぼうげんぞう》』の「生死」の中で、「この生死はすなわち仏の御いのちなり。これをいとい捨てんとすれば、すなわち仏の御いのちを失わんとするなり」と述べている。時宗《じしゅう》の宗祖一遍《いっぺん》も同じように、時宗の念仏とは、まさに「南無阿弥陀仏と一度正直に帰命せし一念の後は、我れも我れにあらず、故に阿弥陀仏の御心、身の振舞、ことばもあみだ仏の御言なれば、生きたる命も阿弥陀仏の御命なり」と『一遍上人語録』巻上で語っている。臓器はいのちの一部であって身体の一部ではないとする一元論の立場からは、臓器移植否定ないし拒絶へと導かれることになるわけである。道元はまた「現成《げんじょう》公案《こうあん》」の中で「生も一時の位なり、死も一時の位なり」と述べる。薪が燃え尽きれば灰になる。したがって、薪が先（生）で灰が後（死）と考えがちであるが、薪も灰も一時の位であって、それぞれの役目を果たしている。まさに生死を超える道は、今を離れてはないというのである。

禅でいう身心脱落、放下《ほうげ》の境地はすべてのとらわれを離れた境地で、浄土教でいう自己のあらゆるはからいを捨てた自然法爾《じねんほうに》の境地と共通する。このような境地、すなわち「仏の御いのち」といい、「我も我れにあらず、阿弥陀仏の御心……」という境地は、大いなる生命への帰入であり、小賢《こざか》しい凡夫《ぼんぶ》のはからいをかなぐり捨てた境地なのである。

死体は単なるモノではない。先に見たように、意志・感情を持つ存在体なのである。また、供養しなければ祟る存在である。死相を見れば、どのような思いをこの世に残して死んだかがわかるものとされ、死にざまは死後の生活の幸・不幸を暗示するものであった。

このように見てくると、遺体を霊肉二元論／一元論でもって遺体軽視／尊重の二つの立場に分かつことはあまりにも一面的であるということになる。

葬儀の場にあっても、死者は成仏の主体であるので、棺に向かって弔辞が読まれ、お別れがなされる。いうならば、両墓制のもとでの霊肉分離の考えでも、また遺体・遺骨を霊の依代と見る考えでも、いずれにしても日本人一般の意識には、死骸はモノではなく、しばらくの間は霊とともにあり、意識・感情を持つものであるために、死骸に手を触れることは死のけがれに触れることになるのでタブー視されてきたのである。

臓器移植に立ちはだかる壁は、日本人一般の持つ、この文化的な情緒的側面なのであることを忘れてはならない。まさに、「死」の判定・概念・捉え方は多様化の渦中にあり、その状況を踏まえたうえで、仏教者は命の尊厳・永遠性を基盤にして、生の中に死、死の中に生を見るといった仏教の生死観をどう説いていくのかが、将来の仏教を占う鍵となるであろう。

現代のミイラ作り《エンバーミング》

現在、死の概念の多様化に伴って葬祭の中で注目を浴びているのは、エンバーミング（embalming）と葬法としての散骨《さんこつ》であろう。散骨についてはここでは述べないが、関心のある人は私の論文（藤井正雄「散骨と環境保護規制」『宗教研究』六九―一、一九九五年、二一―二三頁）を参照されたい。エンバーミングについてだけここでは触れることにしたい。エンバーミングは「死体処理術」としばしば訳されている。ひとことでいえば腐敗する血液を抜いて、その代わりに防腐剤を注入することにある。エンバーミングの起源はアメリカの南北戦争（一八六一―六五年）にあるとされる。戦場での戦死者の遺体を、帰りを待つ遺族に引き渡すには、遺体の損傷を最小限に押さえるために防腐処理を必要としたからである。アメリカがあまりにも広大であったことがその一因であったらしい。トーマス・ホームズという将校が、一体一〇〇ドルでエンバーミングを請け負い、戦争中に四〇二八体もの将校や兵士の遺体に防腐処理を施し、巨万の富を手にしたといわれる。当時のエンバーミングは動脈に防腐剤を注入する仕方であったので、専門家が限られていたこともあって、処理を受けられる人も一部の人に限られていたらしい。その一般化は、一八六八年にホフマンによって発見された金属製の毒物ホルムアルデヒトの法規制が解かれて、エンバーミング用の防腐剤として使用可能になった二十世紀初頭からのことである（鈴木英雄『アメリカの葬儀現況――エンバーミング技法』、『アメリカの葬儀現況』刊行会、一九八一年）。

日本では八〇％以上の人々が病院で死を迎える。アメリカではその比率はもっと高い。日本では病院で死亡すると、あらかじめ病院にかけつけた遺族が最後の対面をして、遺体は自宅に戻されるが、アメリカでは病院からほとんど葬儀社に直行する。遺族が遺体と対面するのは、葬儀社でエンバーミングを施されて納棺の後、眠るがごとき安らかな姿となってからである。エンバーミングがアメリカで一般化されたのは、一つには広大な国土で四散している遺族が葬式に間に合う時間まで遺体の保存が要求されたことにあると考えられる。アメリカでは、キリスト教の復活思想と関係が深い土葬がほとんどであり、また遺体の保存の必要性により、エンバーミングは一般化していった。

エンバーミングは、死者を生前の姿に復元して、眠っているような姿を目にすることができ、また長く生前の様子を保ちたいと望んだ遺族の願いに応えたものであったといえよう。処置を行うエンバーマーにとっては、エンバーミングは死の演出である。死者から死の苦痛・汚れを見えないようにし、あたかも眠っているがごとき錯覚を遺族に懐《いだ》かせるのであり、死の否定、生の擬装のパフォーマンスであるといえよう。いいかえれば、臨終の場面で、「死はいまや回復しうる」「死は錯覚である」とするフィクションが、あるいはそこまでいかなくとも「見えにくい死」が病院から葬儀社まで演出され続け、エンバーミングの過程を経た後にようやく遺族との対面にいたるまで持続されているのである。このことは、現代アメリカでは、死者はお先に行った人（passed on）と呼ばれ、葬場は談話室“funeral parlor”“funeral house”あるいは安眠室“slumber room”と心地よい響きの言葉にかわっていることによっても窺うことができる（Richard Hantington & Peter Metcalf, *Celebration of Death*, Cambridge Universitiy Press, 1979, pp. 186 ff.〈邦訳は池上良正他訳『死の儀礼』未来社、一九八五年〉）。

しかし、最近では、エンバーミングは死を否定するものではなく、〃さよなら〃をいいやすくするための演出であると見る説もある（Jack B. Kamerman, *op. cit.*, pp. 28ff.）。

エンバーミングと日本の法規制

エンバーミングは現在、札幌・郡山・宇都宮・川口・宮原・鴻巣《こうのす》・所沢・草加・千葉・市原・東京都大田区・横浜・山梨・大阪関西ＡＰセンター・大阪公益社（二）・広島・熊本・鹿児島・平塚の合計二十の施設が知られている。日本では一九八八年（昭和六三）に一九一体がなされ、一九九三年（平成五）四三六四体、二〇〇〇年一万一八七体、二〇〇一年一万八八八体、二〇〇二年一万二二〇四体、二〇〇三年一万三九九二体、二〇〇四年一万四〇七八体、総計一一万八一二八体のエンバーミングがアメリカ人や、カナダ人のエンバーマーの手で営まれ、年々増大傾向にある。最近改装された、あるいは改装中の斎場の中には、法人化を予測してエンバーミング処理室を設置しているものもあるほどである（藤井正雄『死と骨の習俗』双葉社、二〇〇〇年、参照）。

しかし、現在日本では、死体にメスを入れることを許されているのは監察医や解剖医に限られている。その他の人による死体を傷つける行為は法制上では認められてはいない。エンバーミングが外国人の手によってなされており、日本にはエンバーミングに関する法律がないのが現状である。現状では、一九九三年（平成五）十一月設立の日本遺体衛生保全協会（International Funeral Science Association in Japan）が、現在は自主規制を行いつつ法人化を目指し、エンバーミングに関する環境整備を進めているのが状況である。

生体にしろ死体にせよ、メスを入れることと一般の傷害罪とどこが違うというのであろうか。両者に違いはなく、ともに傷害罪として訴えられても仕方がないが、現代の法解釈では生体の場合は病気を治すという目的であれば、その違法性はなくなる。死体については、死因不詳のものに限られている。エンバーミングは現行法律の対象にはなっていないのである。しかし、死体にメスを入れるという違法性も、生体の場合と同様に、死体の消毒と尊厳の保持という目的によって認められる可能性も考えられる。先の日本遺体衛生保全協会は、一九九四年（平成六）に遺族との厳密なインフォームド・コンセプトに基づく、エンバーミングに関する自主基準を決めた。

二〇〇三年（平成一五）には、日本遺体衛生保全協会公認のエンバーマーの養成学校が関東・関西に一校ずつ開校されている。関東では、当初東京都大田区にもうけられ生徒募集を行なった。二〇〇五年（平成一七）には神奈川県平塚市に移り、日本ヒューマンセレモニー専門学校のエンバーミングコースとなっている。関西では、公益社フューネラルサイエンスカレッジという名称で、学校法人ではなく職業訓練施設である。修学期間は二年で、春は関東、秋は関西で開講する体制をとり、二〇〇五年九月現在、二十一人の日本人エンバーマーが誕生している。したがって、エンバーマーという資格は国家資格ではなく、日本遺体衛生保全協会が定めたエンバーミングに関する自主規制であるが、その基準をもとに日本人エンバーマーが活躍しているのが現状である。

しかし、こうした動きに対しては、反対の立場にある人々もいる。二〇〇三年には消費者への詐欺行為であるとするエンバーミング非難のチラシ配布の事件が起きた。公益社側から、チラシの配布禁止請求とチラシ配布による名誉毀損に基づく慰謝料請求を求めて裁判が起こされた。詳細な裁判経過は省くが、二〇〇五年十一月三十日、大阪高裁は控訴審判決で、エンバーミングが日本遺体衛生保存協会が定めたエンバーミングに関する自主基準に則《のっと》って行なっている限り違法性はないとの判断を示した（雑誌『SOGI』九一号、二〇〇六年）。

死の文化装置

現在、どんな形であろうと葬式をしただろうという痕跡をとどめる世界最古の遺跡といえば、一九五〇年代に発見されたイラク北部の山麓地帯に所在するシャニダールの遺跡がある。その遺跡は、旧石器時代から中石器時代にかけての、およそ今から五万年ほど前の洞窟遺跡で、遺体を葬った跡があり、そして、おそらくあたりの野原の草で摘んだ花束を一対供えたと見られる遺構が発見され、現在の科学的手法によって明らかになっている。この事実からしても、人類はすでに五万年前から遺体を丁重に弔っていたことがわかる。

では、なぜはるか昔から現代まで、人々は葬儀を行い人の死を葬ってきたのかが問われなければなるまい。日本仏教は、近世以来しばしば葬式仏教と揶揄《やゆ》されるが、具体的に葬儀が営まれている実態の分析から仏教の社会的・宗教的機能を考えてみることにしたい。考察にあたって葬儀の概念について明らかにしておく必要があろう。一般に葬儀とは、死者が出ると遺族が死体を処理し（葬法）、死体から遊離すると信じられる霊との間に新たな関係をとり結ぶことにあると定義付けることができる。すなわち、葬儀は遺族・死者・死霊の三者から構成される。そして、多くの場合、遺族と死霊との間の新たなる関係の樹立は墓を媒介にしてなされるのである。この三者からなる三極構図のどこに視点を置いてそれぞれとの関係を見ていくかによってさまざまな文化装置を生み出してきたということになる。

ここで、「無宗教だから葬儀はしないように」と遺言して死んだ場合を例にして考えてみよう。死者が有名・無名を問わず、死を知った友人・知人が引きも切らず次々に弔問《ちょうもん》に訪れて、遺族はその応対に追われてついにダウンしてしまったというのはよく聞く話である。このことは、葬儀が死者を弔うという宗教的機能だけでなく、生前の死者と、弔問に訪れる人たちとの社会的関係を再確認しているという文化装置として社会的機能を担っているといえる。

葬儀はなぜするのか

人々が肉親の死に遭遇した場合、遺族は相矛盾する二つの要素が併存するアンビバレントな感情に包まれるといわれる。今まで元気に話していた父なり母なり、あるいは恋人が目の前で倒れものいわぬ人となったとき、思わず遺体に取りすがって「死なないで」「なぜ死んでしまったの」と死者に語りかけ、我を忘れて哀惜の念に駆られ慟哭《どうこく》する。しかし、返事がない。遺体は無情にも時間が経つにつれて冷たくなっていき、死斑が出るなど異臭を放ちながら、その肉体は滅びていく。遺体がたとえ肉親のものであろうと遺族は嫌悪感に包まれる。遺族が故人に対して恨みをいだいていたり、あるいは故人が遺族を恨んでいた場合には、「死」の科学的な知識の乏しかった古代社会のように、恐怖感を覚えることになる。現代は恐怖感が次第に消失しているとはいえ、死体が時々刻々と変化していくことに対する嫌悪感が、哀惜の念とは別に前面に出てきたことも考えられる。

このように、〝哀惜の念〟と〝嫌悪感〟という二つの相矛盾する感情に遺族たちは包まれる。前述したように昔は死霊を恐れるあまり、嫌悪感というより恐怖感そのものであり、そのような相反する矛盾した感情をいかに中和するかが必要とされ、さまざまな儀礼を行いながら葬儀を進めていくことで解決を図ってきたといえる。

そして、遺族がこのような状況から醸し出される異常さに対する恐怖感・嫌悪感を募らせていく中、もともとは死の臭いを消すために用いられた香・線香が点ぜられると、日常の空間とは異なる雰囲気に包まれた非日常的なものにその場が変化する。普通、斎場では線香がもうもうと焚《た》かれるが、斎場が自宅である場合には、なおさら日常の空間が非日常の空間に変わる。さらに白黒の鯨幕《くじらまく》が張られるといっそう効果が増すことになる。

葬儀を行うことは、死という非日常的な事象を一時的に日常的な空間に現出させ、さまざまな儀礼を通じて死んでいった人との生前の関係を再確認し、かつ死者との新たな関係を作り出していくための過程を経ることとはいえ、その後に日常生活の場をいかに復元していくか、ということまで含めることができるかもしれない。

では、社会的に見た場合はどうであろうか。もともと葬儀は社会的な一つの行事だった。かつて「村八分」という言葉があった。村の構成員が、村の掟をやぶった場合にはその者との交わりを断つというもので、差別して口も利いてはならないという厳しいものであったという。八分とは生活万般を指していった言葉で、その二分とは火事と葬式で、日常的にはつきあいはしないが、火事は村社会の存立を脅かす重大事で、村人全員の問題であり、死者の弔いもまた死者のケガレなどとも関連し、村に関わることとして葬式に限っては例外とするというのがその説である。裏返していえば、葬儀は村の公の（社会的な）行事だったということになる。

葬　儀

このような状況の中で営まれる葬儀は、矛盾した遺族の両面感情を中和させ、非日常的な状態を日常的状態に戻すという社会的機能を担ってきたのである。葬儀に引き続いて営まれる年忌《ねんき》法要も、時間をかけて遺族の嘆きを癒し、死を確認・納得させる、いうならばグリーフ・ワーク grief-work ないしグリーフ・セラピー grief-therapy としての文化装置として機能してきたのである。

また、死の文化装置は補償機能を兼ね備えている。すなわち、集団瓦解《がかい》を救う集団の防御機能と集団の連帯の再保全という統制機能に強力な手段を提供する。日常的に安定していた社会関係が、死によりある部分が不安定な状態になるが、一連の葬儀を経ることで新たな社会関係が作られてくるようになる。一例を挙げると、かつては長男が生まれると位《い》牌《はい》持ちが生まれたと喜んだように、喪主、葬列の時の位牌持ち、葬儀式における最初の焼香者は、無言のうちに弔問者に指し示す後継者お披露目のサインであったのである。

一方、戦前の社会では以下のような見方も通用していた。親の葬儀とは異なり、若い夫婦のいずれかが亡くなった場合、葬儀式は再婚有無の意志表示の場でもあった。たとえば滋賀県高島郡では葬列を見送れば「再婚の意志なし」のサイン、葬列を見送らないのは「再婚の意志あり」のサインであったという。また、出雲簸川《ひかわ》平野地方では軒端の外まで出てお供したら「再婚の意志なし」と見ると伝えている（『旅と伝説』第六年七月号〈誕生と葬礼号〉通巻六七号、一九三三年、一一三―一四三頁）。

以上に見てきた「死の文化装置」としての葬儀が営まれてきた過程で、仏式の葬儀が典型的な形式になってきたのである。仏式による葬儀一般の儀礼は、先に見たように、亡者に戒名を与えて仏弟子にし、経文を聞かせ、教義を伝え、引導を渡すことによって、仏弟子として浄土に送るのが特徴である。一般の民衆は、死者が十万億土のはるか彼方にある西方極楽浄土に旅立つということから、手甲・脚半に身をかためた巡礼姿にして、六文銭を三途の川の渡し賃として棺にしのばせるなどの豊かな葬送習俗が生み出され、長く行われてきた。

長い歴史的経過の中に形成された「死の文化装置」の葬儀が儀礼化し、形式化し、習俗化して直接的に目にしたり、関わったりする死は忌避《きひ》されるようになり、タブー視されていく。死そのものの実相を隠し、死を日常的空間からは見にくくするように外在化させてしまうという問題が起こってくる。ここに宗教が本来持っている救済機能までも見えなくなってしまったのである。従来「死」を口にすることをタブーとしてきたのは、「死」はすべての人に時期を定めずに不意に訪れてくるもので恐れられたからであり、まして「死」に伴う儀式である葬儀について考えることや、そのための情報を収集することなどは不吉なこととして避けられてきた。普段から葬儀のことを話題にできるのは、葬儀に直接関わる葬儀社や「転ばぬ先の杖」と預金を勧める銀行などに限られていたともいえる。

ところが、現代では死をめぐる考え方が変わりつつあるようだ。医療の進歩によって死の予告が可能になり、かつまた高齢化社会の進展とともに、誰しもが「死」を考えざるを得ない事態を迎え、とくに都市部における墓地不足も絡んで、葬儀・墓地にかかわる関心も高まり、一人暮らし世帯の増加など個人社会化すると、死を迎えるであろうその人自身が自分の死について考え、決定していかなければならないような状況が起きてきている。そのために、生前契約や生前葬、合葬墓《がっそう》や散骨《さんこつ》など新しいシステムやサービスがジャーナリズムの話題を賑わすようになった。このことは、誰もが人生の最終の幕を自分らしく、その人らしく引きたいと考え始めたことや、家族形態の変化によって「葬儀」に関わる知識や知恵伝承が途絶えがちなことも要因の一つと考えられている。また、このような結果をもたらしたのは、現代人の死生観の変化であり、その多様な要因を認めることができるであろう。

信仰を支えるもの

信頼の回復

前述のように、住職と檀信徒との間に信頼関係が喪失し、形骸化してきたときに、戒名《かいみょう》問題が生じてきた。信頼関係の再構築に必要なことは教義の原点に立ち返ることである、ということは容易《たやす》い。しかし、その問題はひとり宗教だけの問題ではなく、日本文化全般にわたっていることに気付かなければならない。現代に生きる仏教とは、日本人の心の支えになってはじめて生き生きとしてくるであろうと思われる。仏教、なかんずく戒名は住職と檀信徒とを結ぶ信頼関係に裏付けられていなければならないことはいうまでもない。ここでは、具体的に信頼関係が失われてきているであろうと思われる領域に焦点を合わせて考えてみよう。

文献的には少し古いが、文化人類学者アシュリ・モンタギューは、第二次大戦以後のアメリカにおける親子関係がいかに愛の健全な発達を阻害し、若者の反抗文化を形成していくかを論じている（Ashley Montague, *The American Way of Life*, 1952, G.P. Putman's Sons, New York）。

アメリカの家族関係

彼によると、大人の役割は子どもの発達を促し、そのための最善の条件をととのえてやるべきであるのに、アメリカの大人たちはかえってその発達を阻害している。アメリカ人は子ども好きであるが、子どもを尊敬せず、子どもを劣ったものと考えている。いうならば命じ、服従させ、何を為《な》し、何をしてはならないかを教え、大人の世界に従属的な関係を強いているのである。命令——服従に関心をいだくのではなく、世間の規範に照らして正しいことを行うことに関心をいだく人物に育てるように手を貸すのではなく、はじめから大人に対する卑屈感を醸成《じょうせい》し、大人は「私が何といったか」「何を為せといったか」という威圧的な言葉をよく口にする。両親が子どもたちに示すモデルは、両親のいうこととなすことが矛盾しているのである。大人が子どもたちに課す不合理な規範は両親以上のものを子どもたちに期待するからで、中でも母親は子どもたちに与える愛情を条件付きで示す。「母さんのいうことを聞く子は好き」「母さんのいうことを聞かない子は嫌い」といった具合にである。

無条件的に無制限的に注がれるべき一番大切な愛は、掛け引きの決め手として用いられる商品と化すのである。絶対的に有利な立場は売手にあるのである。このような物を売買するような方法で、買手である子どもは二つの教訓を学ぶことになる。一つは、発散されなければならないエネルギーを内向させ、抑圧する方法を学ぶのであり、いま一つは、愛は売買することのできる商品であることを学ぶのである。この二つの教訓は人間としての成長にダメージを与えることになる。ダメージとは抑圧されたフラストレーション（欲求不満）の蓄積が攻撃・敵意の形で表現されることになり、個人の愛する能力を妨げてしまうことである。ある程度の欲求不満は避けられないものであり、人の社会化の過程に望ましいとさえいえるのであるが、アメリカの子どもたちの欲求不満が恒常的である点に問題があるのである。大人の示す矛盾と不調和に満ちた価値の押し付けは、大人の世界への反発となり、若者は長髪にジーパンをはいて、既成の価値を破壊した対抗文化の形成につながっていくのである。

日本の親子関係

このようなモンタギューの「愛の商品化」という所論は、日本においてはいわゆる〝教育ママ〟の出現とパラレルであるということができるであろう。情報化時代に入った現代日本にあって、育児書の氾濫は母親を必要以上に神経質にし、これがこうじると、いわゆる育児ノイローゼとなって乳児をしめ殺したり、母子心中をしたりする。育児ノイローゼの母親が、母親自身の自信喪失の典型であるとするならば、教育ママは一見して自信過剰の典型のように見える。有名校への進学に勉強、勉強と学習塾に子どもを駆りたてるのは、子どもの将来を思いはかっての親心といえばそのあらわれと見ることができる。しかし一方で、両親の置かれた境遇と同等ないしそれ以上の地位を子どもの将来に望む親のエゴイズムのあらわれでもあり、このことがいかに子どものの人間性をむしばみ、〝愛すること〟の能力の育成を阻害しているかを顧みないのである。

一昔前の母親の多くは、母子密着の無条件的な愛を子どもに注ぎながらも、「嘘をつくな」「他人には親切に」「自己に忠実であれ」と人間の生くべき信念をもって、素朴ながらも「人間の生き方」を教えた。教育ママには、そんな信念も自信もないので、せめて学歴だけでも与えようとする点で、育児ノイローゼの母親と同様に、母親失格の自信喪失の典型でもあることを忘れてはならないであろう。

愛の必要条件と十分条件

多くの人が愛の問題を「愛すること」よりも、いかにしたら「愛されること」、いうならばいかにしたら自分が「愛されるべき存在となりうるか」に終始してとらえていると論じたのは、エーリッヒ・フロム『愛するということ』（懸田克躬訳、紀伊国屋書店、一九五九年）においてであった。男性にとって、成功し、社会的地位を得、金持ちになることは、容姿端麗・才色兼備の女性に「愛されるべき存在」となる。その必要条件となる「学歴」取得は教育ママが血まなこになって子どもに与えようとする、目的達成のための手段となるといいかえてもよいであろう。

かくして、愛の問題は、いかにして愛の対象を選ぶか、ないしは愛の対象に愛されるべき存在となるかに焦点を合わせたのが、ボーイ・ハント術、ガール・ハント術のハウツーものの書物であり、かかる類の本が所狭しと本屋の店頭に並ぶのである。ロマンチックな愛へのあこがれと追求は愛の永遠の課題として残されている一方で、ハウツーものが流行し、既存の大人の価値への反発として登場するポルノに代表される性愛ものが氾濫《はんらん》するという、現在は愛の様態をめぐっての混乱期でもある。人も羨む豪壮な家に住み、美男美女が愛の巣を営んでも、愛が冷え、愛の潤いが枯渇してしまった場合には、金や地位があっても幸せにはなれない。人間の生き方に裏打ちされた愛のあり方が、愛の十分条件となるといってもよいであろう。なぜならば、愛は人間の究極的な営みであるからである。

以上は、少し強調してパターン化したものだが、これらの愛の様態と関わらせながら、仏教とキリスト教の宗教的愛の姿から見てみることにしたい。愛の商品化はそのまま信仰の商品化に通ずることを知らなければならないであろう。

愛と慈悲

キリスト教の「愛」と仏教の「慈悲」を比較考察したものに増谷文雄『仏教とキリスト教の比較研究』（在家仏教協会、一九五六年）がある。氏はルカ伝福音書の「流浪《るろう》の息子」と『法華経《ほけきょう》』の「長者窮子《ちょうじゃぐうじ》の喩《たとえ》」から両者を比較検討し対照的にとらえている。

「流浪の息子」の譬喩《ひゆ》とは、ある人に二人の息子、善良な兄と放蕩《ほうとう》の弟とがあった。弟は財産分与を受けて遠国《えんごく》に赴き、放蕩の末にその財を使い果たしてしまった。しかも飢饉《ききん》が起こって生きる道にも困り、悔い改めて父の許に帰ってきた。父は愚かな息子の帰ってくる姿を遠くから見つけるや、憐憫《れんびん》が先立って、その首を抱いて口づけをした。息子といわれる値打ちがないという息子に父は美衣を着せ、美食を与えて、善良なる兄を怒らしめるほどに歓待した。悔い改めた者を大いなる愛をもって包みこむ、神の大愛を喩えでもってあらわしたものである。

同じように父の愛を譬喩でもって説いたのが「長者窮子の喩」である。一人っ子が父を捨てて遠国に流浪してから幾十年も経過した。父は憂い悲しんで息子を捜し求めた。どうしても見出すことができず疲れはてて、とある都市に留まり、住居を構えて、高貴の生活を送っていた。富貴の生活の中に絶えず息子のことを気にしていたころ、あわれな乞食に身をやつした息子が父の邸の前にあらわれた。息子は邸の豪壮さに驚いて立ち去った。父はそれを見て、息子であることを知り、下僕に命じて邸に連れ戻したが、すぐには親子の関係を明かさなかった。父は彼を父の息子にふさわしく訓練したいと思ったからであった。はじめに糞穢《ふんわい》の掃除の役を命じ、次第に義務になれ、誘惑に打ち勝ち、卑しい心を去って父の子たるにふさわしくなるに及んではじめて親子の関係を明らかにし、正式に嗣子《しし》としてこれを親族・国王などに紹介したのであった。

この二つの譬喩は、父の子に対する対照的な対応の仕方を見せている。悔い改めた息子を感情をもって抱擁するキリスト教の神の絶対愛、息子たるにふさわしい人間性の開発を理性をもって待つ仏教の相対的愛ともいえる仏の慈悲である。

この二つの教えは混沌たる現代の世相に一条の光明を与えるであろう。フランスを救ったジャンヌ・ダルクが焚刑《ふんけい》に処せられた中世の都市ルーアンのカテドラルには、聖ジュリアンの一代記を描いたステンドグラスがほの暗い大聖堂の中で輝いている。ステンドグラスは『ボヴァリー夫人』の小説で名高いフローベルの短編『聖ジュリアン伝』をもとにして描かれたと伝えられている。修道士ジュリアンはハンセン病患者に寄り添って、みずからのはだのぬくもりで温めたという。ノーベル平和賞に輝いたマザー・テレサのカルカッタでの献身的な愛の奉仕とともに、そこまで徹した愛を貫くのは、世俗を超えた宗教愛そのものであるからで、人の心を動かさずにはいないであろう。

一方、仏教の立場からいえば、愛は欲愛・渇愛と熟語されるように欲望の本源としてしりぞけられる。『中阿含経《ちゅうあごんぎょう》』巻第六十、二百十六、「愛生経《あいしょうきょう》」第五では、釈尊が勝林給《しょうりんぎっ》孤独園《こどくおん》におられたとき、溺愛していた一人息子を失ってからは飲食物ものどを通らず、衣装もつけず、香を塗らず、ただ墓に行って泣いてばかりいた一バラモンに対して、「若し愛生ずる時はすなわち愁慼《しゅうやく》・啼哭《たいこく》・憂苦《うく》・煩悩《ぼんねん》・懊悩《おうのう》を生ず」と説いたことを語っている。たとえばここに一人の人があって、その人の母親が亡くなったとき、彼は悲しみのあまり発狂してしまい、衣を脱ぎ捨て裸身で街路を走り回り、「皆さん、私の母を見ませんでしたか」とたずね回ったとする。この例は母を失った悲しみから生じた不幸な出来事である。また、父兄姉妹や子どもを失った場合でも同様のことがいえる。また、一人の婦人がしばらく実家に戻っていたところ、彼女の親族が夫から彼女をとり戻して他家に縁付けようとした。これを聞き、驚いて夫の許《もと》に帰ったが、なんの施す策とてもなく、「共に来世《らいせ》に行こう」と夫は刀をもって妻を刺し殺し、みずからも自害してしまった。これらのように、愛するが故に憂い、悲しみ、苦しみ、もだえ、多くの悩みが生ずるのだと説いているのである。

愛の階梯

愛は、男女・親子の間に相ひく力があってこそ成立する。相互を結び付ける愛の綱が強ければ強いほどその綱は相互に絡みついて、互いの自由を奪ってしまう。「愛」は己れを苦しめるだけでなく、他を傷つけるものである。「幼児の愛」は、愛するものを自分の中にとり込んでしまう「奪う愛」である。この場合「愛する」といっても、相手を自分の欲望の道具としている、いうならば愛の仮面をかぶった利己的な愛でしかないであろう。一歩進んだ「成熟した愛」は「与える愛」である。谷崎潤一郎の描く『痴人《ちじん》の愛』のなおみに捧げる愛は奴隷的な愛であって、与える愛ではない。与える愛は、相手の立場に立った愛である。「宗教的愛」は世俗の愛・性愛を超えたところに成立する。キリストの愛は悔い改めた者を無限に包み込む絶対的な与える愛であるといってもよいであろう。仏教で説く慈悲は相手の立場に立った相対的愛である。「慈父悲母」と熟語されたのは、親が子に対して指し示す愛であるとともに、みずからが自分自身の父であり、母である境涯に達した愛であって、ここにいたれば、相対的愛ではなく、自他融合の一体的な愛といった方がよいであろうと思う。

共感があってはじめて慈悲のこころが発現する。その共感があらゆる人間関係に見られ、現代社会に共有されるようになれば、当面問題としている戒名をめぐる問題は、住職と檀信徒の間にも共感が生まれたとき、消失していくはずである。

戒名とはなにか、その始まりと意味

氏・姓・名字と戒名

改名

葬式に参列した一般人の感想は、故人に授けられた「戒名《かいみょう》」の善し悪しがまず俎上《そじょう》にのぼることが多い。授ける寺院側も、故人となった人のひととなりや、遺族からどのように思われ、どのような戒名として残して欲しいのかなどを考え、戒名を授けていかなければならないことに注意しなければならないであろう。

「名は体を表す」というように、死者にとって戒名とは何であろうか。生前において、俗名と呼ばれる、せっかく親から貰った名前をみずから改名したり、易者に姓名判断をして貰い改名したりしてしまい、役所に改名が認められなかった場合でも通称として使用している人がいるが、何ゆえであろうか。

改名するという行為は、現代に始まったことではない。昔は、誕生直後の名付けの儀礼で付けられた名前は、幼い時の名前、幼名で十歳を超え元服《げんぷく》する時には実名が付けられる。家督《かとく》を継げばその家の通り名を名乗ったりもし、実質的な改名ともなる。隠居すれば、代々の名を継ぐこともあり、出家《しゅつけ》すれば法名《ほうみょう》を名乗ることもある。現代のように誕生時に付けられた名前が死ぬまで使われ続けるというのは、そんなに古いことではない。もう数十年も前のことになるが、一九七一年夏、本土復帰前の沖縄の調査に訪れたとき、沖縄では童名《わらびな》と学校名・戸籍名の区別があることを知った。童名は日本の文献に出てくる幼名に当たると見てよい。

改名することによってそれまでの生活を捨てて新生活が始まると考え、また古代から「名」そのものに不思議な力が潜んでいると見る、名前にまつわりつく文化要素なるものがある。一家の当主の名前を襲名《しゅうめい》すれば、周りの人からはその家の代表と見られ、伝統芸能でも、歌舞伎など名跡を継げばその名で演じられた演技が期待されたりする。また日本文化を代表するともいわれる茶道・華道・書道・武道などでは、その道を極めると段階ごとに免許を授けられて、それぞれの流派特有の雅号《がごう》が与えられる。雅号は流派の系譜関係を示すような通字《つうじ》を使い、その流派内での位置や師匠・弟子関係をあらわしたり、結束の役目も果たしたりする。

先に見たように、昔はライフサイクルの中でも、子供→青年→壮年→老人＝隠居と家庭内や地域社会の中で立場の変化に応じて改名がなされることがあった。改名によって取り巻く環境の中で、名前によってその人の人格や宗教的位置付けが変わることもあるのである。そうした改名に伴ってその人自身と周りの環境が変化するという、日本における文化的な伝統が、出家の時や臨終《りんじゅう》の時に戒名を授けられ、新たな世界に生まれ変わるという考え方を流布させてきた機能を持ったともいえなくもない。人の一生の中で見てみれば、戒名を付けることは、その人の最後の改名に当たり、現世の人々の記憶に永く残る「名前」を持つことになる。

言霊信仰

ここで具体的に戒名と関係する日本の文化的な伝統に触れてみたい。『旧約聖書』に「太初に言葉ありき。言葉は神と共にあり」と書かれている。人間として活動し、社会生活の潤滑油となって機能するのは言葉である。言葉につまると、うまくコミュニケーションがとれないことがある。日本においては、古代からの「言霊《ことだま》」の信仰も同じ脈絡で考えられる。古代人は言葉に霊が宿っており、言葉を発することによって言葉に宿っていた霊力が働いて、発せられた言葉の内容が実現すると考えた。これが言霊信仰と呼ばれるもので、『万葉集』には「ことだまの幸《さきわ》ふ国」という表現がある。原文は万葉仮名であるが、現代文に改めて載録すると、山上憶良《やまのうえのおくら》の長歌「神代より言伝《いいつ》て来らく虚《そら》みつ倭《やまと》の国は皇神《すめかみ》の厳《いつく》しき国ことだまの幸ふ国と語り継ぎ言ひ継がひけり」（巻五、八九四）、柿本人麻呂《かきのもとのひとまろ》の「磯城島《しきしま》の倭《やまと》の国はことだまの幸ふ国ぞまさきくありこそ」（巻十三、三二五四）の用例がある。このほか神に祈るのに祝詞《のりと》を唱えたり、よい結果を引き出すために祝言を述べ、その働きを警戒して、直接そのものを指す言葉を使わずに忌詞《いみことば》を用いた。

この古代からの言霊信仰は、民俗や文学の中に後世まで影響を与え続けた。言語に対する信仰は『旧約聖書』の例をはじめとして、未開民族の神話伝説に見いだされ、仏教においても密教の陀羅尼《だらに》の尊重は言葉の持つ神秘性への強調を意味しており、広く言霊信仰の一種であるといって差し支えないであろう。

日本における言葉の持つ神秘性への信仰は、改名することで新たな環境や新しい力を得ることができるとすることがある。ここで氏・姓・名字の由来に触れ、名前の持つ力や意味をみていくことは、戒名の意味を明らかにする手掛かりを提供することにもなるであろう。

今日では「氏《うじ》」も「姓《せい》」も「苗字《みようじ》」（名字とも書く）も同じものと考えられているが、本来は別々のものであった。ここで、「氏」「姓」「苗字」の違いとその歴史について、諸書によりながら簡単に振り返ってみたい。

氏

「氏」とは、ウチ（内）・ウミチ（生血）・ウミスジ（産筋）といった語源から、朝鮮語や蒙古語に由来すると見る説もあるが、代々血族が子孫に伝えていった先祖を同じくする家系によって成り立つ支配層の同族集団である。しかも、「氏」の構成員は朝廷の定める氏上《うじのかみ》によって統率されていた。地方の豪族や庶民は「氏」の組織を持たなかった。氏上に統率される人々は氏人《うじびと》と呼ばれた。氏は血縁《けちえん》集団であり、職業も世襲《せしゆう》していたので、次第にその職名が氏族の称号になっていった。軍事をつかさどっていた「大伴氏《おおともうじ》」「物部氏《もののべうじ》」、祭祀《さいし》をつかさどっていた「斎部氏《いんべうじ》」「中臣氏《なかとみうじ》」、職人集団の「土師氏《はじうじ》」「弓削氏《ゆげうじ》」などが代表的な氏族である。

このように氏の起源は、千数百年も遡及《そきゆう》しうるが、そのうちのいくつかの氏は現代まで伝わっている。しかし、奈良時代から戦国時代にかけて、大きな勢力を持った「源平藤《げんぺいとう》橘《きつ》」の四大氏は、源氏・平氏・藤原氏・橘氏を指し、七世紀から十一世紀にかけての朝廷からの賜姓で、その起源を異にしている。

姓

「姓」は日本の古代史の上では「かばね」と読む。「かばね」とは女性の血肉（皮）と男性の骨との結合によって生まれたことを意味する皮骨から生まれた古代語であるとされる。これは、古代の支配層の豪族が家系によって世襲してきた職名で、「氏」を格付けするものであった。やがて職名の意味が薄れて、家系そのものを指すように変わってくる。大和朝廷の支配が強くなるとともに、私的な称号だった姓は、朝廷がその功績によって臣下《しんか》に与えられる身分の序列を示すものに変わっていく。いうならば、国が認定する位といってよく、固定的ではなく流動的であった。そのときの功績によっては上下した。この制度を氏姓制度という。

姓には、「臣《おみ》」「連《むらじ》」「君《きみ》」「別《わけ》」「造《みやつこ》」「直《あたい》」「首《おびと》」「村主《すぐり》」がある。一方、「山部《やまべ》」「馬飼《うまかい》」などのように、「かばね」を含まない姓で呼ばれるものもあった。その後、大化改新《たいかのかいしん》（六四五年）を経て奈良時代・平安時代には、中国の唐制にならって中央集権的な律令制度が布《し》かれるようになった。その中で天武《てんむ》天皇は豪族を統制するために、旧来の氏姓制度を解体して、氏姓を次のように順位付けて、「八色の姓《やくさのかばね》」の制度を制定した。整備された八色の姓とは、第一位「真人《まひと》」、第二位「朝臣《あそん》」、第三位「宿禰《すくね》」、第四位「忌寸《いみき》」、第五位「道師《みちのし》」、第六位「臣《おみ》」、第七位「連《むらじ》」、第八位「稲置《いなぎ》」である。

したがって、この時代に姓を賜った身分の高い人々は、氏と姓をセットにして、たとえば「藤原《ふじわらの》朝臣《あそん》仲麻呂《なかまろ》」「大伴《おおともの》宿禰《すくね》家持《やかもち》」というように、氏とともに姓も名乗るのが一般的となった。身分の高い貴族層の姓を尊んで「うじかばね」と訓《よ》むこともあった。六七〇年（天智《てんじ》天皇九）に全国にわたる「庚午年籍《こうごねんじゃく》」の戸籍が作られると、それまで姓を持たなかった民衆にも姓が与えられた。

苗字・名字

氏や姓が公的な称号だったのに対して、「名」は平安期末に武士の間で生まれた通称であった。「名」は領地をあらわす。今でも同じ土地に住んでいる人の苗字がみな同じ、ということはよくあることである。かつては、身分の高い者は、氏・姓・苗字・名のすべてを名乗っていた。たとえば、織田信長の場合、

（氏）（姓）（苗字）（官職名）（名）
平《たいら》　朝臣《あそん》　織田《おだ》　左衛門尉《さえもんのじょう》　信長《のぶなが》と正式には書いたのであった。

これまで述べてきたように、「姓」は古代の位をあらわし、「氏」は血族全員の呼び名だったが、一族の成員が増えるにしたがって同じ氏の人が増えて、相互に区別がつかなくなってきた。たとえば平安時代に栄えた藤原氏を例にとると、加賀の藤原氏は加藤、安芸《あき》の藤原氏は安藤、近江《おうみ》の藤原氏は近藤、伊勢の藤原氏は伊藤、左衛門尉の藤原氏は佐藤、斎

宮頭となった藤原氏は斎藤と名乗ったように、住んでいる土地の名や方角、職名から一字とって家名とし、相互に区別するようになっていったのであった。

江戸時代までは、武士以上の身分か、一部の豪商や名主しか正式に苗字を名乗ることはできなかったが、庶民も苗字を名乗ることができるようになったのは、明治時代になってからで、一八七〇年（明治三）に発布《はっぷ》された太政官《だじょうかん》布告によって、すべての人が苗字を名乗ることを許され、一八七五年（明治八）に「苗字必称令《ひっしょうれい》」が発布されて、すべての人が苗字を持つことが義務付けられた。「苗字必称令」によると、人の名は一つに限り、これまでのような姓や氏、官職まで連なった長い名や通称まで含んだ名は禁止されて、現代と同じように、「苗字＋名前」の形式ができ上がった。それまで苗字を持たず、読み書きもできない人々は、村の物知りや寺の僧侶の手を借りて付けてもらったとされる。

このように、「名字」の「名」は領地をあらわすので、「名字」は「領地の地名」となる。中世には「出自名」を意味する「苗字」と書かれるようになり、江戸幕府は「苗字」を正式の表記とした。したがって、中世の「みょうじ」を「名字」とし、江戸期のそれを「苗字」と区別して用いる学者もいる。しかし、ここでは同じ性格の用語ではあっても区別をしないで用いることにしている。ちなみに現在用いられている苗字の種類は厖大で、丹羽基二『日本苗字大辞典』（芳文館、一九九六年）によると、二九万一五三一件もの名字が登録されている。

すでに述べたように、格式のある「姓《かばね》」や勲功による「氏」も時代とともに本来の性質を失っていき、氏のことを姓といったり、氏の細別名称の苗字のことを姓というようになり、その際に「かばね」の読みは失われていった。源・平・藤・橘などは姓とも氏ともいい、北条・足利・織田・徳川は氏とともに苗字ともいうようになった。姓と氏、苗字には、以上のような歴史的な意味と違いがあったが、現在では姓名や氏名といえば苗字と名前のことをいい、戸籍にも苗字と名前が記載されているのが実情である。

なお、「天皇」は君主の称号であって、「名字」を持たない。世界に存在する王家の中で異例のことである。三笠宮・常陸宮・秋篠宮といった宮家の呼称は、鎌倉期の「常磐井《ときわい》宮《のみや》」に始まり、名字と似た機能を持つものの、姓とも名とも異なる特別な扱いとなっている。

名

名は『古事記』『日本書紀』では「人為《ひととなり》」という意味にとり、人となる形を名という言葉で用いたとあり、名はその人の形や様をあらわし、その人となりやその人の世に出る様子について付けた。いうならば、上代では姓と名を大切にして、名によってその人の品格を見きわめたといってもいい。

皇室の場合には、名は二字が基本になっている。それは五二代嵯峨《さが》天皇からのことであり、内親王の名には「子」の字を付けることになり、五五代文徳《もんとく》天皇が「道康《みちやす》」と名乗って以来、歴代天皇はみな二字で訓読みの慣行が生まれたとされて今日に及んでいる。

一般にもこのころから二字名の習慣が生まれたが、古来より一字名ないし三字名を使用しているところもあった。名は名付け親が命名した呼称であって、武士は勇ましい名を好み、百姓・町人は平凡な名に甘んずるなど、時代によって地位・階級などに違いがあったといえる。現代では、名前に使用できる文字は、戸籍法によって常用漢字一九四五字と人名用漢字二八四字、ひらがな（長音記号・濁音・半濁音・ゐ・ゑを含む）やカタカナ（長音記号・濁音・半濁音・ヰ・ヱを含む）も自由に使え、漢字の読みはどのように読んでも自由である。また、おどり字・送り字・くり返し記号（「ゝ」「ゞ」「々」）は使えるが、使えるのは名前の文字を繰り返す場合だけで、姓と名にまたがって用いることはできないことになっている。名の読み方については、届け出の用紙の読みの欄に記入すればいいことになっている。なお、漢字には旧字体と新字体があり、基本的には新字体が原則であるが、法律で許されているものに限って旧字体でも受理されることになっている。

このように、日本人の氏・姓・名字はそれぞれが意味を持つものとして展開して来たものであった。

家制度の強化と名前

すでに述べたように、庶民も苗字を名乗ることができるようになったのは、明治時代になってからのことであった。一八七〇年（明治三）に「自今平民苗字許され候事」と太政官布告が発布され、すべての人が苗字を名乗ることを許された。ついで一八七五年（明治八）になると「苗字必称令」が発布されて、すべての人が苗字を持つことが義務付けられた。法令によると、人の名は一つに限り、これまでのような姓や氏、官職まで連なった長い名や通称まで含んだ名は禁止されて、現代と同じように「苗字＋名前」、すなわち姓名、氏名の形式ができ上がったのであった。

法令は「華族より平民に至るまで自今苗字並びに屋号共改称相成しさうらはず事」とあるように、戸籍の整備の一環として「氏」の固定化を図ったことになる。具体的には「家」を明確化し、各家を通して個人を把握し、統制するものであった。そのことは旧民法（明治民法）第七三一条「戸主の親族にして其家に在る者及び其配偶者は家族とす」、および第七四六条「戸主及び家族は其家の氏を称す」などに明確に見えている。このため檀家制度は明治維新で法的根拠を失ったが、代わって家族制度が強化されることによって、檀家制度が持っていた家と寺の関係が、皮肉にもそのまま存続し慣習として生き続けたといえる。

戦後「家」制度を廃止して新しく生まれ変わった新民法も、戸籍の再編成にあたって「氏」を中心に踏まえることとなった。そのため、基本理念としては個人に基点を置いたものの、「氏」の変更、改名については厳しい条件下でしか許されなかった。しかし、姓名は人となりをあらわすといった古代からの言霊の信仰は人々の中では形を変えて生き続け、「姓名判断」による行動の決定は必要以上に重要視されたりして、社会問題ともなった。

また、婚姻にあたって両性の合意に基づき婚姻後に氏は夫婦一方の氏を選び、他の氏を捨てなくてはならない、という法規制がある。近年、このことに関して「夫婦別姓」を主張する機運が生まれ、社会的に大きな議論を呼んだ。

ここでは、ごく簡単に以上の二点について考えてみよう。

姓名判断

前述のように、「氏」は代々伝わるものであり、簡単には変えることはできない。一方、名は名付け親が命名した呼称である点で、前述したように、武士であれば親は子どもに勇ましい名を選び、百姓・町人は平凡な名に甘んじたなど、時代によってまた地位・階級などによって違いがあるものの、名前には親の願いが込められたといえる。いうならば、親にとって果たせなかった願いや、こうあって欲しいという希望を込めて子どもの名前が考えられた。これは時代に関わりがなく、現代では人気者にあやかったり、高名な人の名をいただいたりして、名付け親が、多くは親を中心とする家族・親族であろうが、理想とする名前を付ける傾向がある。このことも、子どもに幸あれという願いのあらわれといえる。

一昔前には、臍《へそ》の緒を首に巻き付けて生まれた、いわゆる逆子《さかご》には、男の子どもには袈《け》裟雄《さお》・袈裟夫・袈裟男・袈裟統、女の子どもには今朝子・今朝代などと名付けて、逆子がお坊さんのように袈裟を掛けて生まれてきたと、異常な出産に対してその状況を読み替えて、反対に災いを転じて福と為《な》す願いを込めた典型的な名付けがあった。また、避妊具も無い時代にあっては、子宝はもうたくさんとこれ以上生まれてこないようにと、願いを込めて、留男・棄夫・捨男と名付けた例もあった。

また、個人の問題でなく、庭木でも「南天」を「難転」と読み替えるように、また一つの社会の中で庶民が、不吉・不況な状態を嫌って良き世の将来を願って年号を勝手に変えてしまう私年号の事例などがある。これらは、名前の善し悪し、年号の善し悪しなどがその人の幸・不幸や社会の好況・不況となってあらわれると信じるところからきている。

個人の名前であれば、その姓名の善し悪しを吉凶と結び付けて姓名判断に頼ってみることもあったと考えられる。姓名判断の起源は、純正運命学会会長の田口二州《にしゅう》『開運・姓名判断入門』（池田書店、二〇〇四年）によると、昭和初期に熊崎健翁氏が体系化して発表後に、続々とさまざまな流派が生まれていったという。

現代日本には佐久間英『日本人の姓』（六芸書房、一九七二年）では、およそ十二万の姓があり、鈴木・佐藤・田中・山本・渡辺・高橋、小林・中村・伊藤・斎藤の順とされている。名前の善し悪しがその人の幸・不幸となって表れると信ずる考えは昔と変わらない。生まれた子どもに名字とあわせ最もよいと見られる名前を付けようと願う。よい名前の条件は、文字画数の調和がよいこと、付けた人の願いが滲み出ていること、読みやすく、呼びやすく、書きやすいこと、あだ名が付けにくいこと、愛称が多くの友人を生むこと、姓と名の調和がとれていることなど、常識的なものが挙げられる。

夫婦別姓

婚姻にあたって婚姻後に両性の合意に基づいて姓が決まるが、夫婦一方の氏を選び、他の氏を捨てるという選択に迫られる。現在のところ、およそ九七％強の人が夫側の姓を名乗るとされている。このような「夫婦同姓」の原則に対して、

讀賣新聞　（第三種郵便物認可）

スキャナー SCANNER

民法改正「答申」放置状態

夫婦別姓 棚上げ10年

法相の諮問機関「法制審議会＝図＝」が、選択制の夫婦別姓導入と、婚姻届を出していない両親から生まれた非嫡出子の相続格差廃止を柱とする民法改正要綱を答申して、丸10年が経過した。政府・与党による改正案の国会提出の見通しは立っておらず、法制審の答申が長期間、"たなざらし"にされる異例の事態となっている。（社会部　石原明洋）

■「無力感」

「悩み、苦しんでいる人がいる事実は、今も変わっていない」「自分の子が成人するころには法改正が実現していると信じていたが、何も変わっていない」

2月22日、東京・永田町の衆院第2議員会館で開かれた民法改正を求める集会で、参加者から改正への見通しが立たない現状に、不満や憤りが相次いだ。国会議員15人や赤松良子元文相らも出席し、赤松元文相は「法制審の答申がここまで放置されている例は、ないのではないか。無力感もあるが、それでは前に進まない」と励ました。

野党議員も「改革を叫ぶ小泉首相が、なぜ手を着けないのか。この問題が解決しないことで結婚をためらっている人もいる」（枝野幸男・民主党衆院議員）などと自民党を批判。法相時代、法改正に意欲を見せた自民党の森山真弓衆院議員は、「党内に強硬な反対意見があり、議論が停滞している。早く具体的な解決方法を考えていかないといけない」と話した。

■法案に結びつかず

法制審の答申がこれほど長期間、法案提出に結びつかないのは、「民事法の分野では例がない」（法務省民事局）という。最大の原因は、自民党内の根強い反対論だ。

自民に強硬反対論　修正案もダメ

法制審は1996年2月26日、①夫婦が「同姓」か「別姓」を選択できる②非嫡出子の相続分を嫡出子の半分と定めた規定を撤廃する——などの民法改正要綱を答申。だが、自民党内では「別姓は家族の一体感を損なう」などの意見が続出し、合意に至っていない。

法務省は、同姓を原則とし、希望者には例外的に別姓を認める新たな改正案を同党に示したが、結果は変わらず。同党法務部会では、2004年春以降、ほとんど議論もされていない。

自民党内で別姓導入に理解を示す菅義偉衆院議員は「例外制でもダメならもう無理という雰囲気になってしまった。しかし、不便さや苦痛を感じている人がいる以上、解決を考えるのは政治の責任だ」と話す。

「子どもの姓が何度も変わる可能性がある」と、戸籍上の別姓を認めることには反対する同党の高市早苗衆院議員は、以前、党の法務部会に、公的な書類などへの旧姓併記を法律上認める案を出したが、強硬な反対派から受け入れられず、「対応が硬直化していると感じた」という。

■世論調査に望み

与党の公明党には別姓導入に理解を示す議員が多いが、自民党が党内合意にほど遠いため、「こちらから提案する状況ではない」（中堅議員）。民主、共産、社民各党は、法制審答申に沿った民法改正案を繰り返し国会に提出しているが、ほとんど審議されず廃案や継続審議になっている。

事態を動かす可能性があるのは、今後の世論調査結果だ。

夫婦別姓に関する直近の内閣府の世論調査（01年）では法改正への賛成が42・1%に上り、反対（29・9%）を初めて上回った。87年は賛成13・0%、反対66・2%だったが、その後の調査でも賛成派の増加傾向が続いている。

昨年10月の衆院法務委員会で、当時の南野法相は、内閣府から問い合わせがあれば06年度に夫婦別姓に関する世論調査の実施を希望すると述べた。市民団体「民法改正情報ネットワーク」の坂本洋子・共同代表は、「次回も賛成派が反対派を上回れば、議論再開のきっかけになるのではないか」と期待している。

多様な価値観に配慮を

夫婦別姓賛成派が反対派を上回った01年の世論調査でも、実際に別姓を希望すると答えた人は2割に満たなかった。しかし、2割でも、結婚前の姓を名乗れず、不便さや苦痛を感じている人がいる事実は重い。

また、日本でも非嫡出子の割合が近年、増加しているとはいえ、全体の約2%（03年）だ。だが、彼らが生きていく中で被る不利益や犠牲を、社会として看過してよいのだろうか。生まれてくる子どもには何の責任もないのだ。

日本が、多様な価値観を認めることができるのか。そして、少数者の権利にも思いを至らせることができるのか。民法改正は、まさにこの点が問われている問題だと感じる。

民法改正を求める集会に集まった国会議員ら。左は枝野幸男衆院議員（2月22日、衆院第2議員会館で）

非嫡出子 相続格差も

最高裁では「違憲論」次々

非嫡出子の相続格差で問題になるのは、嫡出子との格差を設けた民法の規定が、「法の下の平等」を定めた憲法に違反するかどうかだ。最高裁大法廷は95年、「民法は法律婚主義をとっており、格差はやむを得ない」と合憲判断を示した。しかし、裁判官15人のうち5人は「違憲」との反対意見を述べ、約半年後の法制審答申にも影響を与えた。

この問題では、国連人権委員会が98年、日本政府に相続格差を解消する方向で必要な措置を取るよう勧告。国連子どもの権利委員会も04年、勧告で非嫡出子の相続格差が解消されないことに懸念を示した。日本が批准した国際人権規約や子どもの権利条約が、出生による差別を禁じているからだ。野党議員の質問主意書に対する政府の答弁書（04年）では、日本以外の国で非嫡出子に相続格差を設けている国として、フィリピンしか挙げていない。

最高裁でも、相続格差に疑問を投げかける意見が目立っている。相続格差が争点となった訴訟は03年以降、二つの小法廷（裁判官5人で構成）で少なくとも4件ある。判決はすべて合憲だったが、合憲と違憲はいずれも3対2。合憲としながら、「極めて違憲の疑いが濃く、立法府による法改正を期待する」との補足意見を付けた裁判官もいる。

だが、自民党内の議論は進んでいない。法制審の答申を受け、夫婦別姓の党内合意を優先させようとしたが、合意に至らないため、相続格差の議論も事実上、棚上げされている形だ。格差解消を主張する野党側などには、「暗礁に乗り上げている夫婦別姓問題とセットで扱われている限り、展望は開けない。切り離して議論してもよいのではないか」との意見も出ている。

民法改正を巡る主な動き

1991年1月	法制審が小委員会で審議開始
95年7月	最高裁大法廷が相続格差を定めた規定を合憲と判断（多数意見10人、反対意見5人）
96年2月	法制審が「選択的夫婦別姓」と「相続格差解消」を柱とする改正要綱を法相に答申
2000年12月	「選択的夫婦別姓」導入の検討を含む男女共同参画基本計画を閣議決定
01年8月	内閣府が「選択制」賛成42%、反対30%とする世論調査の結果を公表。賛成派が初めて反対派を上回る
02年4月	法務省が改正案を提示。「選択制」から「例外制」に転換したが、結局、国会提出を断念
7月	自民党有志議員が「例外的に夫婦の別姓を実現させる会」を結成
03年3月	最高裁第1小法廷と同第2小法廷が「相続格差」を合憲と判断。関与した10人の裁判官のうち、4人が「違憲」、1人は合憲としつつ「違憲の疑いが濃厚」
04年3月	自民党法務部会が1年8か月ぶりに夫婦別姓を議論。議員立法による法案提出に反対が相次ぐ

図4　夫婦別姓に関する法律の棚上げを報じる新聞

（『読売新聞』2006年3月14日号）

婚姻に当たってこれまで唱えて来た「姓」を婚姻後も継続して保持したいという要求が見られるようになった。この「夫婦別姓」が、社会的な問題に発展し、法律改正への動きも見られるようになった。

法律改正を求める動きをごく簡単に振り返ってみよう。一九九〇年代前半から法務省の諮問《しもん》機関として設置された法制審議会で、婚姻時に夫婦同姓か夫婦別姓かを選択できる「選択的夫婦別姓」問題が論じられた。しかし、その時点では与党である自民党国会議員の一部の強硬な反対で国会本会議の場に法案改正の提出までにはいたらなかった。野党側からも、ほぼ同様の民法改正法案が繰り返し提出されたものの、棚上げになったり廃案になったりして日の目を見ることはなかった。

選択的夫婦別姓に代わって、二〇〇二年（平成一四）四月に提出されたのは、夫婦同姓の原則はそのままにして、婚姻届を提出する際には夫婦別姓を選ぶことができるとするものであった。夫婦別姓はあくまでも例外的であって、婚姻中に別姓から同姓への変更の道を残すといった「例外的夫婦別姓」が論ぜられた。これは選択的夫婦別姓の改正案として六月に提出された。しかし、婚姻届を提出する際にあらかじめ家庭裁判所の許可証を必要とする「家庭裁判所許可制夫婦別姓」案、現行法案では姓名ないし氏名の一本化を原則とし、通称は認められないが、通称使用を必要に応じて認めるとする「通称使用」案、などが出されて議論が別れた。結果的には、いずれも制度化するにはいたらなかった。

この問題については、井上治代『女の「姓」を返して――夫婦別姓のすすめ』（大阪創元社、一九八六年）はいち早く、夫婦別姓論を展開し、世論の支持を訴えた。夫婦別姓問題をめぐる世論の高まりに現在、多くの図書が出版されている。またテレビや新聞などのメディアでも取り上げられているが、現時点では決着をみていない。

改名と戒名

ここで見てきた、人生におけるさまざまな名前を変えるという行為には、それぞれの大きな転機が関わっている。改名は、転機を大過なく迎えることはもちろん、前の状況を好転させたり、まったく新たなものとしたりすることを願ってすることが多い。

あるいは名前を変えることで、一つの社会の中で以前まで位置していた場所が失われかねない状況が予想されることもある。結婚により夫の姓への変更は、結婚前までの家族や人間関係とに大きな変更を迫り、それまでの人生の消滅とはいかないまでも、アイデンティティの揺らぎをもたらすことにもなるのであろう。そのことのデメリットを思うときに、諸外国の中には婚姻後も別姓のままという例もあり、旧姓の保持が考えられるようになったともいえる。夫婦別姓の問題はひとり女性の問題と片付けられるものでもなく、これからの日本における家族や家という言葉に示される人と人との関係に鋭く迫るものを持っているのだろう。

あらためて、戒名の授与という改名を考えるとき、他の例とは違い、自分の付けたい名前を付けることは、基本的にはできない。生前に戒名を授与してもらう生前戒名では、希望をいうことは可能だろうが、仏弟子に付ける名前という趣旨からは、導師の裁量に属する。自分の意志による改名はできないということでは、誕生の時の名付けと同様である。人生の最終段階の改名が、本人が考える自分らしい名前にしたいにもかかわらず、自己の意志通りにならないというジレンマが、自分たちで戒名を考え、使用するという例にもあらわれてきている。あるいは、戒名を付けずに生前のままの名前（いわゆる俗名）のみ墓石に刻む例もある。

しかし、戒名は、すでにみてきたように仏弟子になることで授与されるわけで、僧侶となる場合の法名や一般在家《ざいけ》の出家と同様に、名前（戒名）の持つ意味が重要なのである。意味のない戒名などはあり得ない。釈迦《しゃか》の弟子になる、あるいは浄土に往くために必要だということが忘れられることによって、単に戒名を付けるという行為だけが問題とされたため、冒頭から述べてきている「戒名の値段」が突出して語られるようになってしまったのではないだろうか。

名前を「変える」「変えない」ということが、その場その場の状況に左右されるようになり、言霊信仰といわれるように言葉の持つ意味を深く考えなくなってしまったためなのかもしれない。

戒名の起源説

戒名の起源

戒名《かいみょう》とは、もともと仏の教えに帰依《きえ》した者に与えられる法号《ほうごう》をいうことは、これまでも何度か見てきた。授戒《じゅかい》・灌頂《かんじょう》・得度《とくど》などの仏教儀礼の中で、導師《どうし》が受者に守るべき戒めについて語り、戒めを守ることを仏前に誓った者に対して与えられる法号である。その起源については、これまでの経緯からいって、次の三説にとりまとめることができる。すなわち一つは釈尊帰一説、一つは中国習俗起源説、今一つはインドからの発展説である。以下にその示すところを見ていこう。そのことで、戒名の始まりや意味を正しくとらえ、現状に照らして、現代社会における戒名の位置付けも考えてみよう。

戒名という言葉は、すべての宗派で使われるわけではない。真宗《しんしゅう》では戒名といわずに法名《ほうみょう》といい、すべての法名の上に「釈」の一字を冠し、これを「釈号」といっている。

釈尊帰一説

信仰の基本となる経典である『浄土三部経《じょうどさんぶきょう》』を例にとると、『仏説無量寿経《ぶっせつむりょうじゅきょう》』は曹魏《そうぎ》天竺三蔵康僧鎧《てんじくさんぞうこうそうがい》訳、『仏説観無量寿経』は宋元嘉中畺良耶舎《きょうりょうやしゃ》訳、『仏説阿弥陀経』は姚秦《ようしん》三蔵法師鳩摩羅什《くまらじゅう》奉詔《ほうしょう》訳とあるように、経訳者は自己を表示するために中国の王朝名を掲げた。中でも漢・魏のころに中国にやって来た外国の僧は、たとえば竺法護《じくほうご》というように、天竺すなわちインドから来た法護とみずからを名乗った。どうやら生国をみずからの姓としたようである。東晋《とうしん》の道安《どうあん》は、中国で出家したものの多くが師匠の姓をもって称するのを、『高僧伝』巻五「道安伝」に「初、魏晋の沙門は師によりて姓となす、故におのおの同じからず。（道）安もって大師の本釈迦より尊きはなしとし、すなわち釈をもって氏に命ず。後に増一阿含《ぞういちあごん》をうるにはたして称せり。四河海《しかかい》に入りてまた河名なし。四姓沙《しせいしゃ》門《もん》となり皆釈種を称すべしと。すでにはるかに経て符す、ついに永式となす」とあるように、姓は師匠の名を称するべきであり、仏弟子となれば、皆釈迦の姓となるべきであるとして、みずから釈道安と号した。それぞれの名（川の名）は、師匠に従うとき（海にそそぐとき）、川の名前はなくなり海に含まれてしまう、というのだ。『増一阿含経《ぞういつあごんぎょう》』巻二十一には「たとえば、もろもろの大河あり。いわくガンガー、ヤムナー、アチラヴァテー、サラブー、ミヒーなり。これらは大海に至らば前の名姓を棄てて、ただ大海とのみ号す。かくのごとく、バハーラーダよ、クシャトリア、バラモン、ヴァイシャ、シュードラの四姓あり。彼ら、如来の説くところの法と律とにおいて家を出でて出家せば、前の名姓を棄て、ただ沙門釈子とのみ号す」とあったことを受けての言である。このように出家すれば姓なく、みな同じ釈子であると説かれているように実践したもので、その後、高僧にまた一般僧尼にも用いられるようになったのであった。

今少し前まで、男は釈某々、女は釈尼某々といい、その下に尊称を付さないのが通例であったが、現在では男女で法名を区別するのは差別に通ずると見て、男女とも釈の字を冠するを基本にしている。ただ、その下に尊称を付さないのは従来とは変わっていない。釈号は真宗では帰依仏そのもので、授戒作法がないままに法名を与えたからである。宗祖親鸞《しんらん》上人は慧信尼《えしんに》と結婚したことによって、みずから「非僧非俗」といい、結婚することによって破戒して僧侶ではなくなったが俗人ではないと宣言して、在家仏教道を展開した。真宗では戒名といわずに法名という所以《ゆえん》である。

中国習俗起源説

中国習俗起源説が有力視されるのは、インドでは戒名は制度化されることはなかったからというのが理由である。仏教がその後中国に伝来すると、中国では古来、名の外に字《あざな》を持ち、尊んで呼ぶ場合はよく字が用いられていた。その字が戒名となったと見る説である。すなわち戒名とは、俗名でいえば、字に対する諱《いみな》に相当するからである。諱は忌名《いみな》の意で、生者には本名とは別の名・別名を字といい、本名をそのまま呼ぶことは礼を欠くために、字で呼んだ。『儀礼』に「君父の前には名を称し、他人の前には字を称す」といい、『礼記』に「男子二十冠して字す」とあるように丁《てい》年《ねん》（成年のこと）に達すると実名（本名）の他に字を持つのが中国の習いであった。これが転じて、諱は死者の諡《おくりな》・法名となり、僧侶の場合には出家時に法諱《ほうき》を持ち、普段は字としての道号をもって呼ばれるようになっていた。

すでに『釈氏通鑑』によると、梁《りょう》武《ぶ》帝普通四年（五二三）、法師慧約《えやく》にその名はそのままにして、別に智者と号せしめたことを記しており、これが沙門別号のはじめであるとされている。

中国では一般に死者の名である諱を呼ぶのを避けていた。別に立てた嘉号《かごう》、あるいは住んでいる地名・庵室などで呼ぶ習慣があった。たとえば、湛然《たんねん》は荊渓《けいけい》に住んでいたので、時の人は尊んで直接に「湛然」と名を呼ばず、その居所を指して荊渓と称した。このほか居所の名を号とした例に南嶽《なんがく》・青原《せいげん》・百丈《ひゃくじょう》・黄檗《おうばく》などがあり、宝覚心禅師《ほうがくしんぜんじ》が黄龍という庵室の名を取って号したのをはじめとし、その所縁《しょえん》によって、そこに住するものは代々黄龍と号した、という例もある。

このようにして禅門に始まった道号は、天台・法相《ほっそう》・華厳《けごん》などの諸家にも用いられるようになり、智顗《ちぎ》を天台、窺基《きき》を慈恩《じおん》、澄観《ちょうかん》を清涼、宗密《しゅうみつ》を圭峯《けいほう》と呼んだのである。宋代になって一時師家の授ける字に転じ、別に修行により得られたことを示すための表徳号《ひょうとくごう》がたてられるようになり、道号のことを表徳号ともいわれるようになった。わが国では鎌倉時代以降、禅の隆盛するにつれ、その考えが普及して他宗の用いるところとなった。名称については、各宗派とも特徴を出して連枝号《れんしごう》・阿号《あごう》・誉号《よごう》などの称が生まれた。

インドからの発展説

数々の経典に見られる「授記《じゅき》」の記述から展開されたと見る見方である。

授記とは予言を意味する。未来において仏号・法号を授けられて、仏になることを予言し保証を与えることをいうのである。すなわち、仏に帰依し、『法華経《ほけきょう》』に帰依し、『妙法華経《みょうほけきょう》』の乃至一偈《ないしいちげ》を受持し、読誦《どくじゅ》し、解脱《げだつ》し、書写し、菩薩の実践徳目である六波羅蜜《ろっぱらみつ》（布施《ふせ》・持戒《じかい》・忍辱《にんにく》・精進《しょうじん》・禅定《ぜんじょう》・智慧《ちえ》）の行を修し、まさに仏と成り得る善男子・善女人に授けられた。階級差別の厳しいカースト制の釈尊の時代にあっては、仏教教団に入り仏弟子となれば平等に釈尊の弟子としての扱いを受け仏号を授けられたのである。仏法をうける側にたって考えるとき、将来を保証される喜びはいかばかりか想像に難くない。

釈尊が弟子に法号を授与したのは、仏弟子の中で知恵第一といわれた舎利弗《しゃりほつ》尊者がはじめてであり、「数え切れない仏を供養し、仏の道を守ったので、来世において仏になるであろう。仏の名は紅蓮《ぐれん》の輝きという意味の華光如来《けこうにょらい》という」と授記されたという。『法華経』譬喩品《ひゆほん》第三の訓読によれば、「汝、若干千万億の仏を供養し、正法《しょうぼう》を奉持し、菩薩所行の道を具足して、当《まさ》に作仏《さぶつ》することを得べし。号《な》を華光如来・応供《おうぐ》・正偏智《しょうへんち》・明行足《みょうぎょうそく》・善逝《ぜんぜい》・世間解《せけんげ》・無上士《むじょうじ》・調御丈夫《じょうごじょうぶ》・天人士・仏・世尊といい」「舎利弗来世に仏普智尊《ぶつふちそん》となって号を名けて華光といわん」である。

この舎利弗の法号授与に対し、須菩提《しゅぼだい》・迦旃延《かせんねん》・大迦葉《だいかしょう》・目犍連《もっけんれん》の四大声聞《しょうもん》（仏から教えを聞く四人の者）らが「世尊の舎利弗に阿耨多羅三藐三菩提《あのくたらさんみゃくさんぼだい》（ほとけのさとり＝正《しょう》覚《がく》）の記を授けたもうことに、希有の心を発し、歓喜踊躍して」歓んだ（「信解品《しんげほん》」第四）とある。

経典は歓《よろこ》びの心だけでなく、たとえば『法華経』法師品《ほっしほん》に「仏前に於て妙法華経の一偈一句を聞いて乃至一念も随喜せん者には、我れ皆記（成仏の允可《いんか》―法号・仏号）を与え授く、当《まさ》に阿耨多羅三藐三菩提を得べし」とあるように、法号・仏号の資格が示されるのである。さらに仏の滅後においても、「如来の滅度の後に、若《も》し人有って妙法華経の乃至一偈一句を聞いて、一念も随喜《ずいき》せん者には、我れまた阿耨多羅三藐三菩提（正覚）の記（仏号・法号）を与え授く」（同上）と法号・仏号の授与の資格が示されているのである。

経典に見られる「授記」とは、原語は vyākaraṇa で和伽羅那《わがらな》・婆伽羅那《ばかなら》・幣伽蘭陀《へいからんた》などと音写されている。原始仏教の基本的なタイプの一つである『十二部経《じゅうにぶきょう》』では、記別・記説・記・説などと訳される。最も初期の経典である『阿含経』によると、釈尊は過去世において燃燈仏《ねんとうぶつ》であったが、現世において成仏することを授記されたと述べている。干潟《ひがた》龍祥《りゅうしょう》『本生経類《ほんじょうきょうるい》の思想史的研究』（東洋文庫、一九五四年）によれば、授記思想の発生について以下の思想的な経過をたどったという。

①　最初は師弟間の問答による解答的な聖典の意に用いられたが、後に弟子たちの運命予説の意に転用されるにいたり、これは菩薩起源的な意味を明確にした。

②　この思想が起こらなければ菩薩と声聞《しょうもん》の差、大乗仏教の興隆に繋がらなかった。

③　この思想はブッダガヤーやバールフトやサーンチーの遺物にまったくなく、西北インド地方の遺物において、西暦紀元後かつ仏像製作が可能になるようになってから燃燈仏授記を表したものが見え始める。
④　燃燈仏は授記のために案出された仏である。
⑤　その後多くの授記物語が生じた。
⑥　大乗《だいじょう》仏教の仏陀を慈悲そのものと見る仏陀観の発展とともに授記説話が生ずるにいたった。

このようにして、授記の思想は仏の説法のうちで問答による解答的な聖典の意に用いられたが、のちには授記・受記・受授・授決などと訳され、仏が弟子に対して未来世において必ず仏となることを予言し保証する意味に変わってきたのである。

この授記に示された、釈尊による弟子への未来世における成仏の保証として授けられた法号が、今日見られる戒名の思想に通ずるものとして「インドからの発展説」が説かれることになった。

授記の思想

初期大乗経典《だいじょうきょうてん》において授記を説かないものはほとんどみあたらない。その中で初期大乗経典の一つである『法華経』ほどその形式・内容において精細なるものはなく、そこには数々の授記の模様が述べられている。具体的に授記が説かれているのは、「譬喩品第三」における舎利弗授記、「授記品第六」における摩訶迦葉《まかかしょう》、須菩提《しゅぼだい》、大迦旃延《だいかせんねん》、大目犍連授記、「五百弟子授記品第八」に富楼那《ふるな》、千二百人の阿羅漢《あらかん》、憍陳如比丘《きょうじんにょびく》、五百人の阿羅漢、阿難《あなん》、羅睺羅《らごら》、学・無学の二千人の弟子たち、「提婆達多《だいばだつた》品第十二」の提婆達多、「勧持品《かんじほん》第十三」における釈尊妃の耶輸陀羅《やしゅだら》比丘尼、義母である憍曇弥《きょうどんみ》などに対して釈尊が数々の授記を授けた模様が述べられている。

このように、『法華経』はいうならば授記思想の精緻を極めているが、異例なことは悪の典型である提婆達多への授記と女人成仏が述べられていることである。提婆達多は、一説には阿難《あなん》の兄とも釈尊の従兄弟ともいわれる人物ではあるが、釈尊に敵対した悪人であるといわれた。このような提婆達多のような悪人に、釈尊みずからが法号（仏号）を授けた理由はやはり問われなければならない。

提婆達多のような数々の悪業の限りをつくした者でも、無量劫《むりょうこう》の懺悔《さんげ》の期間をすぎたのちには成仏することができるという「一切の衆生《しゅじょう》に悉《ことごと》く仏性《ぶつしょう》あり」の法理によって、具有の仏性が芽生えて、いつの日か広く衆生の為に妙法を説く如来となるその日のために仏号を授けたと見ることができる。このことに関して、松下日孝《にっこう》氏は成仏とは作仏《さぶつ》の意味であり、成仏には「即心成仏《そくしんじょうぶつ》」と、「即身成仏」の二面があると述べている。ここでの叙述は「即身成仏」ではなく、「即心成仏」であるといい、「即身成仏」が身口意《しんくい》の三業《さんごう》（身体・言語・思慮における修行のこと、すなわちすべての行いのこと）に梵行《ぼんぎょう》（善行）を修して等正覚《とうしょうがく》（さとり）を得ることであるのに対して、「即心成仏」とは身口意三業にて悪業を作り成していた者が、仏法により目覚めて梵行を修して清浄心《しょうじょうしん》に住する。すなわち心は仏に成った。これを即心成仏というと述べている（『葬儀・法要・戒名・仏壇・お墓の話』共栄書房、一九九七年、一二三頁以下および一二六—一二七頁）。

多分、提婆達多が釈尊の教えを聞いて即心成仏したからであろう。悪人も仏に成るということは「一切の衆生《しゅじょう》に悉く仏性あり」の法理によって、正法《しょうぼう》に帰依することによって、具有の仏性が芽生え育てられた結果である。悪人成仏の必須条件は、正法に帰依して悪業を懺悔し正信《しょうしん》に入ることである。提婆達多の成仏は〝即心〟の成仏であって、〝即身〟の成仏ではない。彼は、釈尊の仏法によって、過去の悪業を懺悔して〝即心成仏〟を得たが、いまだわが身口意三業に作った悪業はつぐなっていないから〝即身成仏〟ではない。その悪業をつぐない終った時、すなわち青天白日の身となった時点で〝即身成仏〟となり、天王如来・仏世尊となる。経文に「無量劫を過ぎて後に」とあるのは、悪業に対するつぐないをなす期間をいっているものであると松下氏は述べている。

いま一つは女人不成仏説で、女人は梵天王《ぼんてんのう》・帝釈《たいしゃく》・魔王《まおう》・転輪聖王《てんりんじょうおう》・仏《ほとけ》にはなれないとする五《ご》障《しょう》説《せつ》が流布されており、たとえば『中部経典』「多界経」には、男子が正覚《しょうがく》者《しゃ》・転輪王・帝釈・魔王・梵天・仏となることができると述べられている。この点で、『法華経』に女人成仏説が授記として叙述されたことは仏教史の上で刮目《かつもく》すべき事実であったのであるといえる。

戒名・法名・法号

これまでも述べてきたように、仏教教団に入信する以前、出家する前の名を俗名といい、新たに仏教徒となった者が授戒作法を受けて授けられた法名・法号を戒名というのであって、本来は、一般に了解されているような死者に与えられる名ではない。したがって、戒名とは仏教徒として受戒したことをあらわす法号である。いうならば、法号とは法の世界に生まれた人として授けられたというべきで、したがって法号は生存中に与えられるのが本義であった。

現在はほとんどが死後、仏式をもって葬儀を行い、受戒、誦経《ずきょう》して引導《いんどう》によって仏弟子となるという理由で法号を与えていることから、ここに法号が単に亡者の名前であると一般にはとらえられている。

およそ仏教では、仏教に帰入したものは戒法を受けて沙弥《しゃみ》と呼ばれた。戒法を持して犯さないことを誓約し、仏教教団に加入してすでに平俗の人ではないという意味で法号といった。ところが、インドでは出家剃髪して三衣《さんえ》を着すればみな沙門・釈氏といって、特別に法号を用いず、俗名のままであった。その後、仏教が中国や日本に伝わり、受戒して沙門となり、教団に加入すれば俗名を改めて法号を用いることが早くから行われるようになった。たとえば聖武《しょうむ》天皇が登壇受戒して勝満と称せられたのはその例である。すなわち戒名は沙弥となり、三帰戒、あるいは三帰五戒《さんきごかい》・三聚浄戒《さんじゅじょうかい》・十重禁戒《じゅうじゅうきんかい》・円頓戒《えんどんかい》などを受けたものが、俗名を改め、また在家に在りては生前、授戒会に加わったものが法号を受けるのを例とし、共に戒を受け、仏法に帰敬《ききょう》した者のいわれであるといえる。したがって、もともとの意味からは、出家者の戒律を守る制約をして付けられた名前が法号であり、戒名であった。それがいつしか、仏教信仰がほぼあまねく普及した段階で、僧とはならずとも仏教に帰依した者は在俗のまま法号を名乗り、より一般化したときには死に臨んで形だけの仏弟子になるという形態が、多くを占めるようになった。法号・戒名の意味することが変化してきた。

法名という語は文献的に古くから見られる。『大慈恩寺三蔵法師伝《だいじおんじさんぞうほうしでん》』に、皇子の出家に際し法王の子として、法服を被著させて法名を立て、三帰（仏・法・僧の三宝に従う三帰依をいう）を授けて僧列に加え、戒名を法名とも称したことが知られる。日本でも『続日《しょくに》本紀《ほんぎ》』に七四九年（天平勝宝《てんぴょうしょうほう》元）私度《しど》の沙弥、法名応法に入師位を授けた記事があることを見ても、このころには法名と戒名の区別がなく、法名をもって一般に戒名の意味に用いていたことが知られる。

このようにして、戒名も法名も同じように用いられていたのであったが、のちに真宗《しんしゅう》が広まるにつれ、真宗が戒名に対して法名を別に立てることによって状況を変えたといえる。真宗には戒律がなく、授戒作法がないままに法名を与え、それまでの戒律の意味とは異なる出家時の名称として法名という語を用いたからである。このようにして法名は戒名をも含める広義の場合と、真宗におけるように戒名に対する法名という狭義の場合という二通りの意味が含まれるようになった。

この法名・戒名は古くは二字が通例であって、天野信景による江戸時代の随筆の『塩《しお》尻《じり》』は、「中世までは貴人といへども只二字の外、別に道号を書くことなし。御堂関白道長の法名を行覚と号し、多田満仲の戒名を満慶と号せし類なり」と述べている。ところが、のちにはさらに道号を加え、あるいは宗派特種のものを付すようになり、室町時代以降これらをすべて含めて法名、あるいは戒名というように変わっていったのである。したがって、古くは二字でなっていた法名は法号といっても混乱は生じなかったが、道号・院号などが加わって全体で法名・戒名と使われるようになったことから、もとの意味である二字を法号と呼び全体を法名と呼び慣わすようになった。すなわち、法名を広義に法号を狭義にとるようになり、同じ言葉で、広狭さまざまな内容をあらわすようになった。

僧位と尊称

ここでは、かつて筆者の編集した『仏教儀礼辞典』（東京堂出版、一九七七年）によりながら、戒名《かいみょう》に関わらせて、僧位や尊称の成り立ちや、その関係について見ていこう。

僧侶の尊称

僧侶の尊称は多様であるが、その中で大師号《だいしごう》・菩薩号《ぼさつごう》・国師号《こくしごう》・禅師号《ぜんじごう》・和尚号《わじょうごう》・上《しょう》人号《にんごう》などは諡号《しごう》として、朝廷から高僧に下賜されるのが習わしとなっている。生前に勅使をもって下賜される場合と、死後に追贈される場合がある。追贈も、死の直後に下賜される以外にも、鎌倉時代の法然《ほうねん》が昭和《しょうわ》天皇より「和順《わじゅん》大師」の大師号を贈られたように、はるか後世の場合もある。諡号はもと帝王をはじめ公卿または有徳の士に追贈されたもので、昔中国で周公が文公に諡《おくりな》を贈ったことから始まり、僧の諡号については『大宋僧史略』に、後魏の高僧法果にその死後、胡霊公の諡を追贈されたのがはじめである。

以下では、僧の尊称と知られるものを制度としての諡号や通称としての尊称を併せて紹介してみよう。

大師号

大師は、大導師を意味する言葉で、仏または法、あるいは誰よりも認められる優れた高僧に対して敬って付けられる尊称である。『大般涅槃経《だいはつねはんぎょう》』二十九に「まさに如来大師を見て礼拝供養するをうべし」といい、『大孔雀王呪経《だいくじゃくおうじゅきょう》』のなかでは「釈迦大師は神通力《じんつうりき》を具足す」と説かれている。そのほか経論にも仏のことを大師と呼んでいる。たとえば『成実論《じょうじつろん》』に「仏を世尊、一切智人、三界の大師と為す」といい、『瑜伽師地論《ゆがしじろん》』に「善《よ》く声聞弟子の一切の応作《おうさ》不応作の事を教誡《きょうかい》するが故に大師と名づく。又能く無量の衆生を化導《けどう》し、苦を以て寂滅《じゃくめつ》せしむるが故に大師と名づく。又邪穢の外道を、摧滅《さいめつ》せんが為に、世間に出現するが故に大師と名づく」というように、仏を大師と称するもので、また、『善見毘婆娑《ぜんけんびばしゃ》』に「我が涅槃の後、所説の法戒は即ち汝の大師なり」というのは、仏の説く法・戒を滅後の大師とすべきことを説いたものである。

大師を威徳ある高僧の尊称とすることは、中国、唐・宣宗の八四八年（大中二）慧遠《えおん》に弁覚大師と国家・帝王により贈られたのがそのはじめである。それ以前にも大師と称された高僧もいたが、それらは帝王の下賜とは関わりのない私的に使われたものである。日本では八六六年（貞観《じょうがん》八）清和《せいわ》天皇から最澄《さいちょう》に伝教《でんぎょう》大師、円仁《えんにん》に慈覚《じかく》大師と没後に下賜されたのをはじめとして、諸宗の宗祖および高僧に大師号が追贈されるようになった。日本における大師号は死後に下賜されるのを原則としている。

菩薩号

菩薩号は、徳の高い僧を尊び諸菩薩にちなんで贈ったものである。菩薩とは bodhisattva 菩提薩埵《ぼだいさった》（悟りを求める人）の略で、元来はジャータカ（本生譚）の中で、釈尊の前生時代の呼称として用いられていたものを、大乗仏教の人たちが自分たちも仏になれる身であるというので通称として用い始めた。インドでは龍樹《りゅうじゅ》・世《せ》親《しん》などを菩薩と称し、中国では竺法護《じくほうご》を敦煌《とんこう》菩薩、道安《どうあん》を印手《いんしゅ》菩薩、大行に常精進菩薩の諡があった。日本では、現世にいて衆生の救済に努める人という意味も込められて、行《ぎょう》基《き》大菩薩・興正《こうしょう》菩薩（叡尊《えいぞん》）・忍性《にんしょう》菩薩・大悲《だいひ》菩薩（覚盛《かくじょう》）・日蓮《にちれん》大菩薩など菩薩号で呼ばれるようにもなった。国家による制度として菩薩号を僧の尊称とすることなく、高僧に対する尊号の一つとなった。また、神仏習合《しんぶつしゅうごう》の影響で「八幡《はちまん》大菩薩」などという称も出てきた。

国師号

国師号は、インド、西域地方においても古くから行われたようで、たとえば、『中阿含転輪王経《ちゅうあごんてんりんおうきょう》』に国師梵志《ぼんし》の名が見える。中国では北斉の法常がこの号を受けた最初の僧である。

日本では、古代の諸国に置かれた地方僧官としての称号と、国家の代表的な僧に対して贈られる尊称とがある。前者は、奈良時代に国分寺の制によって、国分寺にあって国の長官の国司とともに国内の僧尼《そうに》を統領し、あわせて経論を講説する官名としての国師号。これは七九五年（延暦《えんりゃく》一四）講師の名に変更されたが、『山家学生式《さんげがくしょうしき》』に「古哲又云はく、能く言ひて行ふこと能はざるは国の師なり、能く行ひて言ふこと能はざるは国の用なり、能く行ひ能く言ふは国の宝なり」といい、言行《げんこう》兼ね備えたこの国の師、国の用が官符によって地方教化の任に当たるべきものとした。後者は、地方官としての国師の制が廃せられて後、高僧に下賜される尊称（諡号）として復活した。一三一二年（正和《しょうわ》元）、花園《はなぞの》天皇から東福寺《とうふくじ》の開山円爾《えんに》に聖一国師の諡号を賜ったのをはじめとして、以後国師号の追諡《ついし》のことが多く行われた。

国師号を贈られた僧は、禅宗系の僧侶が多く、『諸宗勅号記』によると、禅家は国師と禅師の二号を、律家・浄家は国師のみが贈られることになっている。そのため禅宗においては、国師は禅師号の上にあって法門の最上位にあり、禅師号を下賜されたのちに、より高位な国師号を贈られることが制度化されてきた。

禅師号

禅師号は、禅定《ぜんじょう》に優れた高僧への尊称である。宗派を問わず禅定の実践者を禅師と呼ばれ、たとえば中国浄土教の高祖と仰がれる道綽《どうしゃく》は禅師と呼ばれ、善導も生前は禅師と呼ばれた。のちに禅宗が興ると、主として師家の通称として用いられるようになり、生前あるいは死後に勅号として下賜せられるにいたった。唐の中宗のとき神秀《じんしゅう》に大通禅師を諡したのをはじめとし、日本でも後宇多《ごうだ》天皇から蘭渓道隆《らんけいどうりゅう》に大覚禅師の諡号が下賜されて以来、禅家各派の高僧に賜号が行われた。古代においては正しい修行をなした僧に対して称され、浄土宗の三祖良忠《りょうちゅう》も記主禅師と下賜されているが、これは例外的なことであった。中世になると、もっぱら禅師は師家の通称ともなった。

法師位

法師は、王法を説く師、説法師の意味で、『雑阿含経《ぞうあごんぎょう》』『華厳経《けごんぎょう》』『大般涅槃経』などによると、仏菩薩および大弟子は深妙《じんみょう》の法を知り、これを演説するゆえに法師あるいは大法師と名付けると説いている。『法華経《ほけきょう》』には受持・読・誦・解説・書写などの別によって五種の法師があることを記している。

のちに中国では、狭義に禅師・律師に対しもっぱら説法をこととしたものを法師と称した。道安・慧遠《えおん》を法師といい、また羅什《らじゅう》・玄奘《げんじょう》などを三蔵法師《さんぞうほうし》と呼んだ。日本ではこれがさらに変化し、古くからこれを僧位の称号とし、伝燈《でんとう》法師位・伝燈大法師位・修行法師位・修行大法師位の位階をもって呼ばれるようになった。時代が下り、比叡山延暦寺の僧を山法師《やまほうし》、園城寺《おんじょうじ》の僧を寺法師、南都興福寺《こうふくじ》の僧を奈良法師と呼ぶなど一般僧侶を法師と称するように変化した。

上人位・聖・聖人

上人の称は、智徳優れた僧への敬称で、浄土《じょうど》教系・日蓮宗《にちれんしゅう》などで用いられている。上人の語は『増一阿含経《ぞういつあごんぎょう》』三九によると、人の世に処し過あれば能くみずから改める者を上人というとし、『大品般若経《だいほんはんにゃきょう》』では一心に阿《あ》耨多羅三藐三菩提《のくたらさんみゃくさんぼだい》を行《ぎょう》じて、心散乱しないものを上人と名付けるとしている。

日本では、『諸門跡譜』によると、空也《くうや》を「日城の上人是れ始也」と述べ、『倭訓栞《わくんのしおり》』も上人号が空也から起ったとしている。八六四年（貞観《じょうかん》六）僧位三階を立て、「法橋上《ほっきょうしょう》人位《にんい》」を設けて僧官の律師階《りっしかい》に擬《ぎ》したのであり、上人号は僧の位階を示す公称であった。その後、僧官制が乱れて諸宗で転用されるようになり、私的に使われるようになった。時《じ》宗《しゅう》では歴代の遊行上人《ゆうぎょうしょうにん》を阿号《あごう》、浄土宗では誉号《よごう》、日蓮宗では日号《にちごう》、本願寺では如字を用い、上人の上に冠して用いるようになったのはその例である。

一方、空也が市上人《いちのしょうにん》と呼ばれたことで上人号が始まって以来、上位の称はとくに隠遁《いんとん》の高僧を称したが、のちに後伏見《ごふしみ》天皇が京都金蓮寺の浄阿真観に上人位を下賜して以降は、僧位として勅許されることが慣例となった。江戸幕府はその制を定めて、「元和条目《げんなじょうもく》」では碩学《せきがく》の者にして仏法修行二十箇年に及ぶ者を正《しょう》とし、それ未満のものを権《ごん》とし申達により勅許せられるべき旨を規定し、みだりに上人と称することを禁じている。上人の綸旨《りんじ》を受けると中級以上の寺院の住職となり、香衣《こうえ》を被着できたので、上人号の綸旨を拝受することを出世ともいった。

また、上人に対して聖人の語は、一連の『往生伝』や『法華験記《ほっけげんき》』などでは聖・聖人・上人が混用されているように厳密な区別はない。しかし、聖・聖人は優れた民間宗教者を呼ぶことが多い。浄土真宗の親鸞《しんらん》が、聖人と書かれて浄土宗系の上人と異なるのは、発音上混用されたことにもあるが、親鸞の俗聖《ぞくひじり》的性格をも示すものとも考えられる。

しかし、最近では上人位は「うえ」の人であって、上下の差別に由来するから、「上人」といわずに「聖人」といった方がいいと主張する人もいるが、単に区別であって差別ではない。なお、日蓮宗では上人位は一般の僧侶にも用いるが、聖人位は六高僧などに用いて文字の区別を設けており、一般には遠慮すべきものとされている。このことは差別戒名とも関わりが出てくるので、のちあらためて論ずることにする。

和尚位

和尚は、和上・和闍《わじゃ》・和社・烏社《うしゃ》などともいわれ、近誦《ごんじゅ》・親教師の意味である。しかし、日本では古くは僧侶の官名となり、鑑真《がんじん》が孝謙《こうけん》天皇より法務大和尚位を授けられ、のちに法橋上人位・法眼《ほうげん》大和尚位・法印大和尚位の位階が制せられた。それ以後、単に高僧の尊称に用いたが、禅宗・浄土教系などの諸宗では、死去後においては一寺の住職・能化の法名に和尚・老和尚・大和尚の尊称を付すようになった。一般に華厳宗・天台宗では「かしょう」、法相宗・真言宗・律宗などでは「わじょう」と読み、律宗では「和上」と書く。禅宗や浄土宗では「おしょう」と呼んでいる。

阿闍梨

阿闍梨《あじゃり》の称は、もとバラモンが弟子を養成する際にベーダ聖典などの儀則を教示するもののことをいったが、仏教教団にも取り入れられ、威儀などを教える師を阿闍梨と呼ぶようになった。『四分律行事鈔《しぶんりつぎょうじしょう》』では、阿闍梨を出家・受戒・教授・受経・依止《えじ》の五種に分類している。円頓戒《えんどんかい》では、授戒の作法として、仏を戒和尚とし、文殊《もんじゅ》を羯磨《かつま》阿闍梨、弥勒《みろく》を教授阿闍梨とする。密教では曼荼羅《まんだら》および諸尊の真言などに通じ、伝法灌頂を受けたものを阿闍梨と名付け、また仏菩薩をもみな阿闍梨と称した。

日本では平安時代以来、僧職の一つに数えてきた。天台宗・真言宗の両宗では、伝法灌頂を執行する職を阿闍梨と呼んできたが、現在では伝法灌頂を執行する資格を有するものを阿闍梨といい、声明《しょうみょう》阿闍梨・悉曇《しったん》阿闍梨などの呼び名を用いており、また死後には尊称として用いている。

大　徳

大徳《だいとく》の称は、仏・菩薩・長老比丘《びく》あるいは高僧に対する敬称である。仏あるいは菩薩を大徳という場合は稀で、現前の師の比丘を大徳と称したものであって、長老の敬称が通例である。『有部毘奈耶雑事《うぶびなやぞうじ》』十九に「二種の呼召の事あり、或は大徳といひ、或は具寿といふ。年少の苾芻《びっしゅ》は応に老者を喚びて大徳と為すべく老は少年を喚びて具寿となすべし」とあり、年少の比丘は老者を尊んで大徳と呼び、老者は少年を具寿ということを説いているが、長老に対して尊称して大徳といった。

中国では一時、僧尼統督の職名としたこともあるが、日本では官僧名としては使われず、高僧の敬称として用いられた。中川実範大徳・叡山黒谷源空大徳などと称した。その後、江戸時代になって名刹《めいさつ》を厭い、たとえば貞極大徳などのように寺院住職とならなかったが高僧の評価を得た者を指して用いるようになった。

法子・法尼

法子《ほうし》の称は、古来、出家入道《にゅうどう》の人を称する号であったが、出家・在家、性別を問わず、出家して仏の正法《しょうぼう》に帰入した者をすべて法子と呼ぶようになった。また、法子に対して出家発心《ほっしん》の女性を法に帰入した女性という意味で法尼《ほうに》、高徳の比丘尼を大法尼とも称する。

道号

道号《どうごう》の称は、沙門の別号として用いたものである。もともと中国では、古くから一般の人は名のほかに字《あざな》を持ち、尊んで呼ぶ場合はよく字が用いられた。この字と同じように僧を尊んで使用されたのが道号である。『釈氏通鑑』によると、梁武帝五二三年（普通四）、法師慧約《えやく》にその名はそのままにして、別に智者と号せしめたことを記しており、これが沙門別号のはじめであるとされる。

先に、戒名の「中国習俗起源説」のところで見たように、中国では尊んで人の名を呼ぶ場合、直接に諱《いみな》を呼ぶことはせずに、住んでいる場所（地名）、あるいは、庵室の名などで呼んだ。

このようにして禅門で始まった道号の使用は、天台・法相《ほっそう》・華厳などの諸家にも用いられるようになった。智顗《ちぎ》を天台、窺基《きき》を慈恩、澄観を清涼、宗密を圭峯《けいほう》と呼んだのである。宋代になって一時師家の授ける字に転じ別に表徳号がたてられたが、意味するところは道号と同じである。

日本では鎌倉時代以降、禅の隆盛するにつれて他宗にも影響するところとなり、各宗派とも特徴を出すようになった。前項までの蓮社号・阿号・誉号などがそれである。のちには僧だけでなく広く在俗者の法名にも道号が用いられるようになった。

法名または戒名は、仏法に帰入した者の名として与えられたので二字が本来の形であった。これに対して、道号は仏道を証得した者が称する出世の称号であるから、一寺の住職ともなれば道号を持つことになる、したがって、道号は平僧にはないのであるから特殊なものと見てよい。しかし、今日では道号と法号を合わせた四字戒名が普通に付けられるようになっている。四字戒名ともなれば、上二字が道号、下二字が法号となり、道号はいつの間にか、僧の修行の結果の意味が忘れられて、在俗信者にも与えられて一般化してきたといえる。

宗派法号

日本において発展してきた仏教諸宗は、現代にいたるまでその固有の歴史の中で、宗派独特の法号を採用して展開してきた。それが、現在の戒《かい》名《みょう》や法名《ほうみょう》に反映されており、戒名からその人の宗派がおのずとわかるものもある。もっと一般化してしまい宗派・僧俗を問わずに使用されるようになった場合もあるが、以下では代表的なものをとりあげて解説してみることにする。

代表的な法号

金剛名

金剛名《こんごうみょう》の称は、密教では灌頂《かんじょう》を受けたとき法名の一つとして受けるものである。この金剛名は金剛名号・金剛号、または密号・灌頂名などともいわれる。金剛は「不《ふ》壊《え》常住《じょうじゅう》」という意味であって、本来人体そのものに備わっていると考えられている。金剛界三十七尊に遍照《へんじょう》（毘盧《びる》）・不動（金剛《こんごう》）・平等（南宝《みなみのほうしょう》）・清浄（西観《にしはかんのん》）・成就（北羯磨《きたはかつま》）などというように両部諸尊にそれぞれ金剛号を立てている。真《しん》言《ごん》の行者に金剛名を授けるのは、行者が灌頂道場に入り、曼荼羅《まんだら》を拝し灌頂を受ける時、その身すなわち、金剛の身となるということからきている。『即身成仏義』に「纔《わずか》に曼荼羅を見れば、能《よ》く須臾《しゅゆ》の頃《きょう》に尊信す。歓喜の心を以《もっ》て胆都《たど》するが故に、則ち阿頼耶識《あらやしき》の中に於て金剛界の種子を種《う》ゑ、具《つぶさ》に灌頂受職《じゅしき》の名号を受く」と述べられている。行者は曼荼羅に向って投華《とうけ》し、得られた仏の金剛名をそのまま用いる。弘法《こうぼう》大師は入壇の時、華を投じて大日如来《だいにちにょらい》を得たので、遍照金剛と号し、円仁《えんにん》は大勇金剛、円珍は智慧金剛と称するなどはその例である。今日では金剛仏子某々とされて、法名が金剛名となっている。

阿号

阿号《あごう》の称は、阿弥陀仏《あみだぶつ》号の略称である。その起原は『浄統略讃』に「浄家ノ阿号ハ元祖ノ高弟、入唐大仏ノ勧進、俊乗房重源《ちょうげん》一意楽ヲ起シテ自ラ南無阿弥陀仏ト号ス。是レ此号ノ始也。当流ニハ鎮西ヲ弁阿ト号シ記主ヲ然阿ト号ス」とあるように、浄土宗《じょうどしゅう》の伝承によると、東大寺の重源がみずから南無阿弥陀仏と号したことに始まるとされる。しかし、実際には十一世紀はじめのころから浄土教の思想が流布《るふ》するにしたがい、僧侶の間で阿弥陀仏号を称するようになり、その後に在俗信者も使用するようになった。重源が東大寺大仏殿再建の勧進職《かんじんしき》となって勧進を盛んにした結果、広く在俗に阿号を付与したことの影響があると思われる。武士・農民・商工業者をはじめ用いられたが、とくに芸能民などには、向阿《こうあ》・弁阿《べんあ》、世阿弥《ぜあみ》などに代表されるように広くこの風が伝えられた。

浄土宗では、南北朝・室町前期の僧、聖冏《しょうげい》（一三四一—一四二〇）が伝法《でんぽう》の制を確立したが、それに伴い阿号も伝法を受け璽書《じしょ》を授与したのちに用いることを許されるように定められたもので、浄土宗僧侶が法名の上に付す称の一つとなった。

時宗《じしゅう》では、一定の宗派に属せず活動していた阿弥陀聖的色彩を持っていた民間念仏者が、一遍《いっぺん》の出現により時宗に合流する者たちがあらわれたため、在俗信者にも広く阿号が法名に付与されるようになった。現在では、たとえばすべての檀徒《だんと》に、〇〇院〇阿〇〇〇〇大居士・〇〇院〇弌《いち》〇〇〇〇清（善）大姉《だいし》、というように、男には阿号、女には弌号が付与される。ただ僧侶にも付与することになっており、一般には使えない阿号もある。その中でも、自阿は宗祖上人、他阿は遊行《ゆうぎょう》上人に付与され、法阿は時宗門最高の阿号とし、これらを別格としている。また浄阿は大本山金蓮寺の法主に、国阿は大本山正法寺の法主に限られる規定があり、その他にも男には（桂光院）其阿《ごあ》・（洞雲院）弥阿・（徳院）覚阿・

（東陽院）但阿《たんあ》・（常住院）相阿・（等覚庵）梵阿、女には東弌房、大弌房・法弌房、といった号は允許なしに、濫《みだ》りに授与してはならないという規定も設けられている。

蓮社号

蓮社《れんじゃ》の称は、浄土宗で用いられるもので、定恵《じょうえ》以降、出家僧の法名に蓮社を冠して称する伝統を持っている。これは遠く東晋《とうしん》の慧遠《えおん》が廬山《ろざん》に白《びゃく》蓮社《れんじゃ》を創《はじ》め結社念仏を修したことによる。白蓮社の称は、慧遠が仏堂の東西二つの池に多くの白蓮を植えて浄業を修したことにその名の由来がある。その後その風を慕って集まる者が多く、浄土教隆盛の端緒となった。

日本では弁長《べんちょう》の弟子宗円が入宋して廬山に往き、帰朝ののち、みずから白蓮社と号した。澄円もまた中国に渡って蓮社の遺風を伝えており、後醍醐《ごだいご》天皇の勅によって和泉《いずみ》堺《さかい》に旭蓮社《きょくれんじゃ》を建てた。浄土宗僧侶が蓮社号を称することには慧遠讃仰《さんごう》の意味がこめられている。法名として、次項の誉号と合わせて「○蓮社○誉○○」と付与されるようになった。

誉号

誉号《よごう》の称は、神奈川県鎌倉市の浄土宗白旗《しらはた》流光明寺第三世定慧が、白旗派独自の法号として誉号を用い、みずから良誉と号したのに始まる。当時、浄土宗西山派において空号を、時宗にて阿号を、浄土宗名越派に良号を用いており、流派としての独自性を求められていたことが考えられる。その由来は『観無量寿経《かんむりょうじゅきょう》』に「若《も》し念仏せん者は当《まさ》に知るべし、此の人は是れ人中の分陀利華《ふんだりけ》なり」と説いているのを、唐の善導はさらにその意味を敷衍《ふえん》して、念仏《ねんぶつ》する者は人中の好人・妙好人・上々人・希有《けう》人・最勝人であるといい、法然はその理由を解説して、好人というのは、悪に対して美する所、妙好人は麤悪《そあく》に待し称する所、上々人とは下々に待して讃する所、希有人とは常有に待して歎ずる所、最勝人というは最劣に待して褒するところのもので、念仏者はこれら五種の嘉誉《かよ》を持つものとしたことにあるとしている。このようにして誉号を用いるのは、念仏者は人中の最勝人たるの栄誉を担うものだとする嘉号として、浄土宗の主流となった白旗派の誉号を、定慧の弟子聖冏の相承するところとなり了誉と号した。以後、僧はいうまでもなく五重相伝《ごじゅうそうでん》を受けた者には在俗の信者にも、この号を授けるようになった。現在では、五重相伝を受けない檀信徒にも与えられているものに変わってきている。

釈　号

釈号《しゃくごう》の称は、中国東晋の道安が仏弟子となれば、皆釈迦の姓となるべきであるとして、みずから釈道安と号したのがそのはじめである。『増一阿《ぞういつあ》含経《ごんぎょう》』によると、出家すれば姓なく、皆同じ釈種であると説くことに由来している。その後、高僧に限らず一般僧尼にも用いられるようになった。

真宗《しんしゅう》ではすべて法名の上に釈の字を冠している。男は釈某々、女は釈尼某々といい、その下に尊称を付さないのが通例である。現在は男女で法名を区別するのは差別に通ずるとみて、「尼」の字を付けずに男女とも釈の字を冠するを基本にしている。

日　号

日号《にちごう》の称は、日蓮宗《にちれんしゅう》で主に使用される法号である。日蓮宗では祖師日蓮が、明るきこと太陽のごとく、清きこと芬陀利《ふんだり》のごときを求めて、みずから日蓮と号したことによって、弟子の六老僧をはじめとして僧俗の法名には日の字を付けるのが原則となった。なお女性には『妙法蓮華経』の妙の一字を入れる。

日号は本来は授戒灌頂ののちに付すものであるが、現在は一般に「○○院法○日○居《こ》士《じ》」「○○院妙○日○信女《しんによ》」などとして用いられていることが多い。

信者の戒名

位を示す言葉

在家の戒名《かいみょう》ないし法名《ほうみょう》は、法号を中心として、上に院号・宗派法号・道号を、下に居士《こじ》・大姉《だいし》・信士《しんじ》・信女《しんにょ》などの位階や性別を示す尊称・性称が付いて構成されている。これらの戒名・法名は、これまで述べてきたように、二字の法名が長い歴史をたどって、宗派ごとに異なる発展を経て形成されてきたものである。封建体制下では身分による区別をもって文字の使用や全体の構成など時代の制約を受けてきた。その戒名も、現代ではおおよそ信心の深浅や、寺院への協力度によって選ばれるように変化してきている。

位階と尊称・性称

以下では、今日見られる戒名を構成する基本的な用字の意味や由来を考え、戒名にまつわる問題の一端を見ていこう。

信士・信女

信士・信女は、優婆塞《うばそく》・優婆夷《うばい》を意訳したものである。四衆または七衆の一つで、これを近事男《ごんじなん》・近事女《ごんじにょ》、近善男《ごんぜんなん》・近善女《ごんぜんにょ》、清信士《せいしんじ》・清信女《せいしんにょ》などともいう。四衆とは、仏教教団の構成員たる出家者の比丘《びく》・比丘尼《びくに》、在家信者としての優婆塞・優婆夷の四つの称をいう。七衆とは、四衆に出家者の沙弥《しゃみ》・沙弥尼・式叉摩那《しきしゃまな》を加えたもの。優婆塞・優婆夷は教団の中で、出家者より教えを受けるとともに、在家信者として経済的に教団を支える重要な役割を果たすことになる。このことから、信心の深浅や寺への寄与をもととする戒名授与の際の用字として相応《ふさわ》しい称と考えられる。

優婆塞・優婆夷は、よく五戒または十善戒《じゅうぜんかい》を保ち、内外ともに清浄で、正を信じ、邪を退けるもので、清信の仏弟子のことである。このことから篤信者《とくしんしゃ》に信士・信女、または清信士・清信女の称が与えられてきたのが本義である。近事男・近事女とは三宝《さんぽう》に親近《しんごん》して、奉仕する信者のことで、離欲男《りよくなん》・離欲女《りよくにょ》または近善男・近善女ともいわれ、経典に説かれている善男子・善女人という意味である。

現在では有戒・無戒のものでも区別なく引導によって信士・信女の称号を付している。戒名の中ではごく一般的な称である。

居士・大姉

居士とは、インドのカースト制の四つの身分のうち、商工業に従事する者で富豪を指していう称であった。四つの身分とは、婆羅門《バラモン》、王族の刹帝利《クシヤトリア》、農工商である吠舎《バイシヤ》、奴隷の四性の一つである首陀羅《スーダラ》をいう。居士はまた家長・家主・長者の意であった。『大智度論《だいちどろん》』に「居士とは真に是れ居舎の士にして、四姓中の居士に非ず」といい、『維摩経義記《ゆいまぎようぎき》』によると、居士に二義があって、一つには広く資産を積み財に居《こ》する士を名付け、二つには家に在って道を修する居家の道士をいい、その意味付けが物質的なものから精神的内容を示すように変化してきた。

中国において居士の語がはじめて登場するのは『礼記《らいき》』であり、家に在って官を求めず修道の士を居士としている。中国や日本では清心寡欲にして道をもってみずから居すといわれる有道の処士を称して居士と呼んだ。『祖庭事苑《そていじえん》』には、一、仕官を求めず、二、寡欲にして徳を蘊《つ》み、三、財に居して大いに富み、四、道を守ってみずから悟るという、およそこの四徳を具するものを居士としている。

このように居士の名称はむしろ一般に用いられ、仏教特有のものではなかったのであるが、『菩薩本行経』に「財に居す、家に居す、法に居す、山に居す」といい、インドの維摩居士をはじめ、中国において仏道に入ったにもかかわらず出家せず、在俗のまま居士号を称した多くの人たちが輩出したことから、居士号はようやく仏教の中のある種の信仰の形をあらわす称号と考えられるようになった。こうした在俗者である居士を中心にした仏教運動がみられ、居士仏教と呼ばれた。特に中国で見られ盛んであった。

この居士の尊称と並んでいわれる大姉は、もともと比丘尼のことを称したのであるが、のちには女性の尊称として居士と同列に取り扱われるようになった。

居士号・大姉号は、このように四徳を具備する篤信の信者に付与されるべきものである。また、居士の上に大の字を付け大居士、大姉の上に清を付けて清《せい》大姉として、居士・大師より一段上位をあらわすことも行われている。

禅定門・禅定尼

禅定門《ぜんじょうもん》・禅定尼《ぜんじょうに》は、禅定門士・禅定門尼を略していう言葉で、仏門に入って剃髪染衣《ぜんね》した男女を指していう。これをさらに略して禅門・禅尼ともいう。

古来、天皇の落飾後の称を禅定法皇といい、また摂政《せっしょう》・関白《かんぱく》などの剃髪したのを禅定殿下あるいは禅閤《ぜんこう》と称している。今出川《いまでがわ》相国《しょうこく》禅閤・法性寺禅定殿下（藤原忠通《ただみち》）・平相国禅門（平清盛）や西明寺の禅門（北条時頼）、その時頼の母を松下禅尼というのはその例である。

中世以降、禅宗において広く用いられたが、念仏門にあっても、定《じょう》即念仏の意味から仏道に入った者という意味で用いられた。現在、浄土宗では浄土の教えを在家向けにまとめあげた五重相伝を受けた成人の男女に限り付与されている。

童子・童女

童子《どうじ》・童女《どうじょ》は、本来、剃髪《ていはつ》・得度《とくど》していない男女をいう。その名は多くの経典に登場するところで、『華厳経《けごんぎょう》』入法界品《にゅうほっかいぼん》には世に有名な善財童子の話が載っている。善財童子は福城長者の子で、発心《ほっしん》して仏道に入り五十三人の高徳な聖人を歴訪して、ついに普賢菩薩《ふげんぼさつ》の十大願を聴いて西方阿弥陀《さいほうあみだ》浄土に往生《おうじょう》せんと願うにいたる。仏法に帰依《きえ》してたどるべき修道の段階を示したもので、文学的にも優れ親しまれており、日本の「東海道五十三次」もこれにならって置かれたといわれる。

童子は仏・菩薩や諸天に随侍して諸役にあたるものを称しているが、日本では、神社の祭祀《さいし》にしばしば依代《よりしろ》として童子が重要な役割を担うのと同様に、諸法会《ほうえ》に従事する有髪の幼童を童子とも呼んでいる。童女は、『大宝積経《だいほうしゃくきょう》』に妙という面貌端正・容色殊妙の童女のことを記し、また『法華経』には観自在《かんじざい》菩薩が童男・童女に姿をかえて説法する話を記している。そのほか、密教の儀則には童女に托して吉凶を占わせる法もある。

これら仏法に縁のある幼童を童子・童女としているが、法号に用いる場合は、主として年齢の幼少をもって亡くなった者への付与することになっている。年齢については、『大《だい》般涅槃経《はつねはんぎょう》』迦葉《かしょう》菩薩品に胎外五位として嬰孩子《ようがいし》（子は児とも書く、乳飲子と七歳未満）の次、少年時の前においている。『大智度論』には四歳以上、二十歳に満たないものとし、『玄応音義《げんのうおんぎ》』には八歳以上、いまだ娶《めと》らざるものなどと諸説がある。童子・童女（児）を用い、年齢は大体七歳より十五歳ぐらいまでと見てよいであろう。

童子・童女の上に禅の字を付して禅童子・禅童女というのは、禅門に属する意をあらわしたものであり、大童子・大童女とするのは童子の中でも年長をあらわす場合と尊貴をあらわす場合の二通りの解釈で付けられることが多い。大の字の代わりに善あるいは清の字を用いるのも、大を付けるものと同じ意味である。

孩子・孩女・嬰子・嬰女・水子

これらは、前項の童子・童女よりもなお幼い者たちを指している。法名に年齢差をあらわすようにしているのは、『大般涅槃経』迦葉菩薩品の胎内五位・胎外五位説に基づいているが、そのうち胎内五位は、膜時・泡時・疱時・肉団時・肢時をいい、死産児・流産児の場合には、胎内五位のいずれかであるので、とくに尊称は水子を用いている。一方、胎外五位とは出生後の一生涯を五つの期間に分けたもので、嬰孩子・童子・少年・壮年・老年をいう。

胎外五位説でいけば、第一位は嬰孩子で第二位の童子の前になるので、一般には童子以下の年齢で七歳未満としている。孩・嬰については、厳密な区別はない。一般的にいって、嬰子・嬰女を乳飲子、孩子・孩女を就学前の幼子・幼女と見てよいだろう。孩子・嬰子を孩児・嬰児と、子を児と書くこともあり、孩子・孩女・嬰子・嬰女を合わせて幼子・幼女と書く場合もある。

院号・院殿号

法号の上に冠するものの中で、最上の尊称としてあるのが院号《いんごう》または院《いん》殿号《でんごう》で、皇族や貴族出の僧の止住《しじゅう》する院家の僧も用いるが、広く篤信《とくしん》の在家信者の法名に冠している。

院とは、もともと垣や回廊に囲われた建物のことを指しており、今日のような寺院やその寺内にある子院に対する称ではなかった。中国では唐初より監察・殿中・侍御史・中丞・大夫の五院を置き、院をもって官舎の名としてきた。また、儒者の居を書院、道士の宅を道院、僧尼の舎を僧院と称するようにもなった。

寺の称号としては、山号《さんごう》と寺号《じごう》があるが、院が寺内の一部ないし寺の別称に使われるようになったのは、六四五年（唐、貞観《じょうがん》一九）に玄奘三蔵《げんじょうさんぞう》が西域《さいいき》から帰朝した際、勅によって弘福寺・大慈恩寺《だいじおんじ》などに翻経院《ほんぎょういん》（経の翻訳所）を建てたことに始まる。その後、唐末には、寺院そのものを院と称することが多くなり、やがて寺の別称としても用いられるようになり、宋代には官の大寺に院号が下賜されるようになった。

日本でも当初、官の役所に院号を用いた。また、聖武《しょうむ》天皇は奈良に施薬・悲田・勧学・弘文の諸院を建て、行基《ぎょうき》の建てた家原寺《いえばらでら》・昆陽寺《こんようじ》などをはじめ四十九院は寺そのものを指して用いられた。また七五四年（天平勝宝六）には東大寺に戒壇院がはじめて造立され、延暦寺草創とされる一乗止観院《いちじょうしかんいん》建立は七八八年（延暦《えんりゃく》七）のことであり、これらは寺内に建てた建物を院とも称するようになったものである。鎌倉時代以降、大寺の中の子院の名称や禅宗における塔頭《たっちゅう》にこの院号を用いるようになり、次第に各寺に山号・寺号とともに院号を付けるようになった。

また、院号は寺院以外のところでも多く見られるようになる。天皇譲位後の太上天皇の院号として、御所の場所をもって呼称に用い、その後は天皇の諡号《しごう》として付されるようになった。そのほか、女院《にょいん》の院号にも見えるようになった。一条天皇の母、摂政太政大臣兼家の四女が東三条院後宮と号したのに始まる。その後、皇后・親王などに多くの院号宣下があって、本院・中院・新院・後院・女院・北院などの称も多く生じた。

貴族社会では、関白藤原兼家が薨《こう》じて法興院如実と称したのが、摂関家で法号に院号を付したはじめで、法成寺を建てた藤原道長がその寺号を院号に用いるなど、寺院を建てて入道隠栖《いんせい》した寺や院の名を出家後ないし没後に法号に冠するようになった。

さらに一三五八年（延文《えんぶん》三）足利尊氏が没すると、等持院殿《とうじいんでん》と号し、以後歴代将軍は院殿号を冠した。殿の字を院の下に付したことは皇室および摂家と区別するためであったという。江戸時代以降には、その意識も変化して、武家の本家には「殿」を付け、末家にはそれを付さず、主人には「殿」を付け、陪臣《ばいしん》には付けないという、武家身分の内部で身分の差を表示するものとされるようになった。この傾向が広く衆庶《しゅうしょ》の間にも普及し、院殿号を付した戒名が院号だけの戒名より上位に位置するものと考えられるようになった。その意識は現代まで続いており、これまで見てきたように戒名を授与する際にその格が問題とされ、その差を布施の額に反映して問題を起こすようにもなった。

軒号・庵号・舎号・堂号・斎号・園号など

これらは、いずれも居住地をあらわす言葉で、軒《けん》・庵《あん》・舎《しゃ》・堂《どう》は建物の呼び名で、斎《さい》は居室、園《えん》は垣や塀をめぐらせたところをいう。垣や塀のない場合には苑ともいうこともあるが、場所をあらわす言葉に変わりない。これらが戒名の用字とされることもある。本来の意味が建物であれ、居住地を示す言葉であれ、ほとんど院号に準じるものとして用いられている。院号を付すほどに厚遇はできないが、一般と同程度の戒名を付すことができない場合に用いてきたとも伝えられる。

戒名の構成

戒名をいつ付けるか

本来、戒名《かいみょう》は、前述のように、修行し仏弟子となった者に与えられる名であるから、出家《しゅっけ》の際に生前に受くべきものであった。在家《ざいけ》信者においても生前に戒名を授けてもらい、みずからの菩提《ぼだい》を弔うためにみずからが仏事を営む、いうならば生前に自身の葬式を営む「逆修《ぎゃくしゅ》」の習わしは、平安時代から江戸時代初期にかけて盛んに行われた。中でも中世後期にはあらゆる階層に及んだといわれている。

逆修を営むことは、仏弟子となって死の時を迎えるという仏教信仰をもとにした際の理想的な姿を伝えているといえるかもしれない。僧侶の中でも悟りを開くほど修行を積んだ

「亡僧《ぼうそう》」は、往生《おうじょう》ないし成仏は決定しているので問題はないが、志半ばで亡くなった「尊宿《そんしゅく》」は、いまだ迷いの存在であり、僧として完成されていない。いまだ仏教の教えを十分理解していない亡僧の死に臨んで、静かにしかも早口で経を読み、宗義の極意を授けたことがかつて行われていたであろう。それは現在でも各地に一般の人の臨終《りんじゅう》に当たって「枕経《まくらぎょう》は静かに、早口で経を読むように」との口伝が伝えられていることから、仏教信仰に未熟な者への作法としてうかがわれる。これは葬儀を営むことの思想的な原点であり、制度化されたのちの在家葬法《ざいけそうほう》でもそのもととなっていたと思われる。

仏式による葬儀一般の儀礼が臨終行儀に由来することは明らかであるが、その原点は平安時代の恵信僧都源信《えしんそうずげんしん》に溯る。葬儀の目的は、宗義の極意をまさに亡くならんとする者に伝えることにあった。儀礼の構造は、真宗を除いて、まず授戒会《じゅかいえ》を営んで亡者に戒名を与えて仏弟子にし、経文を聞かせて当該宗派のよってたつ教義を伝える。浄土をたてない禅宗では故人を仏の地位に付かせ、浄土を立てる宗派では、導師《どうし》による引導《いんどう》の作法によって仏弟子を浄土に送るのが特徴である。これらの儀礼の中で、戒名を授与し宗教者として生まれ変わることで、臨終を迎えることになる。

なお、日蓮宗《にちれんしゅう》では授戒作法を伴わないが、葬送の中心となる「鷲山往詣《じゅせんおうげい》」という儀礼では『法華経《ほけきょう》』の信者であることを条件としているし、浄土真宗《じょうどしんしゅう》でも授戒作法はないが、弥陀仏《みだぶつ》への帰依《きえ》が前提とされているために、「無戒の戒」を教旨とするために、戒名とはいわず狭義の法名を用いている。

戒名の構成

戒名は、道号《どうごう》・法号《ほうごう》・尊称の組み合わせによって構成される。文字の適否については次節で見るが、授ける側の僧侶は、信仰帰入の大切な名ゆえに、熟慮の上、経文典籍《きょうもんてんせき》に照らして慎重に選んできた。その選定とともに俗名をそのまま入れる慣習もあり、現在ほとんどの戒名・法名に俗名の一字を加えて構成することが広く見られる。先に見た生前に戒名を受ける際には、僧侶による選定とともに、受ける本人の得《とく》心《しん》のいくものでなければならなかったと考えられる。このことは、その人の人となりを反映するものであるとともに、属する宗派や時代に要請や社会的地位などに対する見方など歴史的所産であるといえる。

葬儀の形式化

江戸幕府に始まる檀家《だんか》制度の展開によって、寺院が全檀家の葬儀を扱うようになると、檀家の中にはまったく信仰とは関わりあいを持たずに亡くなることがあり、いつの間にやら逆修の風がすたれ、没後作僧《ぼつごさそう》、いうならば死後に戒名を与えることが一般化する。

葬儀の形式化が習俗の衰退をもたらすことは、すでに本書の四五―四七頁に記述したとおりである。

話をもとに戻すと、仏教界がこのような形式化の状況におかれているだけに、今こそ戒名の本義を究め、原点に立ち戻って熟考すべきことが要請されているということができるであろう。

戒名の構成の変遷

和漢の典籍には、法名と戒名の区別が見られず、法名をもって一般に戒名の意味に用いていたことが知られる。戒名も法名も同じように用いられていたが、のちに浄土真宗が広まるにつれ、一一三―一一四頁に述べたとおり、真宗が戒名とは別に法名をたてることによって状況が変わってきた。真宗において帰依仏《きえぶつ》（仏をただひたすら頼る）を思想の中心においており、授戒作法がないために戒名という語は使用しなかった。このように法名は戒名をも含める広義の場合と、真宗のように戒名に対する法名という狭義の場合の二通りの意味が含まれるようになった。

この法名・戒名は古くは二字が通例であったが、のちには道号を加えたり、あるいは宗派特有のものを付すようになり、室町時代以降はこれらをすべて含めて法名、あるいは戒名というように変化した。したがって、古く二字でなっていた法名はもとの意味である二字を法号と呼び、全体を法名と呼び慣わすようになった、すなわち、法名を広義に、法号を狭義にとるようになったのである。

このようにして、次第に戒名は整えられていき、上文字の下に少し間隔をおいて戒名としてまとめられ、「文献院　古道　漱石　居士」（夏目漱石の法名）のように院号・道号・法号・位号が書かれる。法号のほかは尊号で、男女・貴賤・老幼などの別があり、宗派独自のいわゆる宗派戒名を除けば、各宗を通じて広く次の八段階にまとめることができる。

図5　整理された戒名が刻まれた夏目漱石の墓（東京・雑司ヶ谷霊園所在）

		上文字	中文字	下文字
位階別	(1)	新帰寂　○○院	△△□□居士	霊位
			大姉	
	(2)		△△□□居士	
			大姉	
	(3)		△△□□禅定門	
			禅定尼	
	(4)		△△□□信士	
			信女	
齢別	(5)		□□童子（児）	
			□□童女	
	(6)		□□孩子（児）	
			□□孩女	
	(7)		□□嬰子（児）	

年
（8）
□□　嬰女
□□　水子
○印は院号、△印は道号、□印は法号

法名・戒名には、上文字・中文字・下文字が付けられる。このうち中文字は位号のことで、居士《こじ》・大姉《だいし》・信士《しんじ》・信女《しんによ》などを指す。上文字の「新帰寂」は白位牌《しらいはい》（四十九日の中陰明けまでの白木の位牌）の時のみ記し、下文字の「霊位」は浄土宗や真宗では原則的に書かないのがきまりである。院号・道号・法号の三種が基本形をなして、中文字の位号、さらには宗派戒名との組み合わせによって、さらに増字されて戒名が構成されていく。

現在では、全体としての戒名は寺院への協力の度合、信仰の深浅、経済的支援の差におきかえられて、戒名の構成が変わってくる。しかし、戒名の基本は法号の二字にあることを考え、受ける者から強請《ごうせい》されるものではなく、まして〝戒名料〟という語は本来は存在しないことは、これまで見てきた考え方からすれば容易に理解される。

今日の寺と檀信徒との関係が希薄化している現状から、葬儀の簡素化とともに戒名の授与も機械的な面が見られることもある。葬儀式直前に導師がきて白位牌に戒名を書くことも多くなってきたり、あるいは位牌に戒名を書いてから、遺族が葬儀社を通して変更を求めてきたり、一つの戒名全体の持つ宗教的な意味が忘れられかねないこともある。もっとも故人に相応《ふさわ》しい戒名を付与されることも、過去帳などに見られる先祖の戒名との関係や故人の生前の様子なども考慮されているのが現状である。

戒名・法名の選定

前節で、戒名《かいみょう》の構成に関わることを見てきたが、ここでは実際の戒名に使われる文字の選定について見ていこう。

信仰の言葉

法名《ほうみょう》ないし戒名は、その本来の意味は別にして、一般的には葬儀の際に住職から与えられているのが現実である。法名・戒名の授与は仏門への帰入が大前提になるので、その選定に当たって、第一に宗派の所依経典・論釈から選ばれたり、宗派の信仰を明示するのに適した法語の中から選ばれることになる。法号は原則的に二字で、上に道号を付して四字戒名となり、下に尊称として二から三字が加わるので、大人の場合には戒名ないし法名は合計六字以上になるのが普通である。法号がその宗派の所依の諸経論釈からとられるにしても、仏教ないしその宗旨に反し、仏教を否定する言葉は用いてはならないことはいうまでもない。たとえば、三毒すなわち貪欲《とんよく》・瞋恚《しんに》・愚痴《ぐち》といったことは仏教の排捨するところで、したがって法号に用いる言葉とはならない。また、行業についても殺・盗・婬・妄などの十悪五逆、あるいは懈怠《けたい》・傲慢《ごうまん》などの文字はすべて反仏教的なもので、三業の惑・業・苦といった言葉も同様である。

また、法号が宗旨の信仰を明示するものであって、そのために各宗に独自の文字を挿入する習慣があるが、それより前に法号を構成する字句が宗旨所依の経論釈、あるいは法語にあるものであれば、法号の字義もさらに明確となり、法号授与を意義付けることになる。

ここで法号の第二の選定基準として、道号・法号・尊称などの適切な組合せが考慮されなければならない。そのために組合せ上、文字の適否の判定、読み易さ、語感の調和などが必要となる。

俗名・別号

まず文字の適否については、俗名をそのまま入れ、あるいは俗名の内の一字を挿入するが、戒名ないし法名の本義からすればむしろ俗を離れるべきではある。しかし、道号を冠して四字のうち俗名を一字でも入れることによって、その人を偲《しの》ぶよすがともなるならば、法名としても適したものと考えられ、仏教信仰と相いれない語などでなければ適応する俗字がある場合には、一字位は用いても差支えないとされている。また文人画家などで、雅号・俳号・別号を持っていた人なら、それを使用することはよくあることである。

使わない言葉

次に文字の中で、読み難《にく》い文字などは避けられるべきで、できれば一般の人々が読める程度のものを常用漢字や人名用漢字で表現することが望ましいとされている。また、たとえ読み易い文字であっても、文字上不適切とされるものがある。古来から人間は万物の霊長としてすべての上に立つという考えからする動物名の選定である。仏教発祥の地インドにあっては、牛を聖なるものと見たために、経録の中にも大白牛車などといい、牛の字が用いられた例がある。牛の他に、四霊として特別扱いされている竜・亀・麟《りん》・鳳《ほう》、これに準ずる鸞《らん》・鶴・鵬《ほう》・鹿・駿などの霊獣類や、虎・獅・象、鷲・鷹・隼・鷗などがある。これらは神秘的な霊獣・縁起のよい禽獣《きんじゅう》類ではあるが、慎重に選定されてきている。鮭・鯛といった魚類、犬・猫といった家畜、蜂・蛹などの昆虫などは避けるべきであるとされている。

また世人が喜ばないで忌む諸種の文字も同様で、病・痛・痺などの言葉、没落・衰微・離散・追放といった言葉などは避けられる。ただ、蘭・菊・蓮・松・竹・梅・桂・柏・桑・柳・桜・椿・檀などの草木はよく用いられる。この他、山・嶽・水・江などの自然地形、日・天・星・月・風・雪などの天体および自然現象、幢《どう》・門・窓・舟・柱などの事象、翁・叟・嫗・老などの人事などは道号としてよく用いられるが、法号には付けない場合も多く、雅号・俳号・別号と法号との違いがあらわれている文字だろう。

次に不適切というよりも、避けるべきものとされるのは、各宗祖師・高徳者・歴代本山の法号・法諱《ほうき》などが挙げられる。時宗では前述のように允許《いんきょ》の規定がある。

読まれる戒名

戒名選定には、古来から三選三除の口伝がある。不穏の異字の廃除として音感の悪い奇異な文字を廃除すること、音便の可否といって平仄《ひょうそく》を調《ととの》えること、また無詮の空字の廃除といって無意味な言辞を避けるべきであるといわれている。言辞そのものがよくとも、他のものを連想させるようなものもよくない。平仄を調えることは、法号と道号を組み合わせて、たとえば真岳仁道信士とすると、シン・ニン・シンとンの字が三つも重なり、供養の際に唱えられることも考えると、文字はよくともいわゆる語呂が合わないということも考慮される。この中で仁を法と変えると、音便の響きがよくなるといったのは、その例である。

古来仏教で使用される語は、世間一般が漢音を主としているのに対して、漢字を呉音《ご》で読むのを通例としている。法号の場合には、音調を調えることから漢音・呉音が混用して用いられる場合が多い。呉音で聖を「しょう」というのを「せい」と読み、聖覚を「しょうかく」といわず「せいかく」というのはその例である。清は「せい」「しょう」「しん」と読めるが、清光と書いたときには「せいこう」といい、清浄とある場合には「しょうじょう」といい、「功徳」を「くどく」、功誉を「こうよ」というなどは、その例である。しかし、法号は音便を考えなければならないので、このような漢音・呉音併用も法号を読み易くわからせるためには止むを得ないとされている。

年代を表す言葉

戒名選定の第三の基準として、男女相応・年齢相応の文字の選定である。たとえば男性には、翁・岳・巌・剛・鉄・剣・断、女性には妙・貞・操・室・蓮・鏡のような字句を入れるならば、信士《しんじ》・信女《しんにょ》・居士《こじ》・大姉《だいし》などの位号を付けなくとも男女の別がわかる。とくに妙の字は古くから女性法名によく使われる。日蓮宗を始め法華系宗派では題目の南無妙法蓮華経《なむみょうほうれんげきょう》の一字であるので、男性の日の字と対照して女性の戒名に用いられている。年齢上では天寿を全うした老人には寿、幼童の場合には稚・幻・夢・泡・露・暁などがよく用いられる。生前、逆修《ぎゃくしゅ》によって戒・法名を授与する場合には、このような年齢感の希薄な字句の選定が必要とされている。

位階を示す言葉

戒名選定の第四の基準としては、本義に返って仏道修証の深浅を考慮することである。院号などを加え、宗派法号を添えて信仰の厚薄を示すことが行われている。現代では、信仰の深浅を示すものとしてよりも、寺院への貢献度、社会的地位などに変化してきている。江戸時代では、大名や旗本、あるいはその子ども・妻女などが菩提寺に葬られる場合、開基《かいき》であったり、寺の維持や再興などに大きく貢献していることが多く、墓地は良い場所に広い敷地を得て、戒名も最上級のものが付与されている。先にも見てきたように、臨終の際の戒名付与は信仰心ではかることが難しい場合が多く、大檀越《だいだんのつ》として経済的にどれだけ貢献してきたかが、江戸時代以降には大きな比重を占めてきた。

差別戒名

差別戒名問題の始まり

差別戒名《かいみょう》問題が起こったのは、それほど古いことではない。一九七九年（昭和五四）八月二十九日から十日間、アメリカのプリンストンにおいて開かれた、第三回世界宗教者平和会議の席上であった、いわゆる「町田発言」といわれるものに端を発している。

討議の中で、インド代表の発言に対して、「日本に部落問題はない」と、当時の全日本仏教会理事長・曹洞宗《そうとうしゅう》宗務総長であった町田宗夫氏が発言した。その後、この発言をもとに部落解放同盟によって全日本仏教会への確認・糾弾《きゅうだん》集会が開かれた。その結果、以下のような事項が確認された。

① プリンストンでの第三回世界宗教者平和会議の席上における町田氏の発言は明らかな差別発言であったこと。
② 『禅門曹洞法語全集』『洞上室内切紙参話研究並秘録』など、曹洞宗の宗門人が著した図書の内容の一部に差別事象が存在していること。
③ いわゆる「差別戒名」の問題である墓標・過去帳における差別事象が存在していること。
④ 所属の三寺院が、身元調査を行なったこと。

今日、この確認・糾弾集会において提起された「差別戒名」をめぐる問題は、一教団の中で解決できるものではなく、また単なる過去における歴史的な所産としてすまされるものでもない。

仏教思想をどのように信仰してきたのか、あるいはしていくのかということが、現在の我々の生き方をも問いかえす問題を含んでいるといえる。それゆえにそれぞれの宗派・教団にあっては、この時以後、差別戒名に関する研究と啓発が活発に進められるようになっていった。

具体的には、「差別戒名」問題が部落解放同盟による糾弾を受けて、教団として取り組みがなされたが、その後今日にいたるまで膨大な図書が刊行されてきている。ここでは、「差別戒名」問題が日本でどのように捉えられ、考えられてきたかの歴史を振り返ってみることにしたい。

差別の歴史

七世紀の律令《りつりょう》国家では、良民と賤民の別があった。良民とは官人《かんじん》・公《こう》民《みん》・品部《しなべ》・雑戸《ざつこ》の別があり、賤民は五色《ごしき》の賤《せん》と呼ばれ、稜戸《りょうと》・官戸《かんこ》・家《け》人《にん》・公奴婢《くぬひ》・私奴婢《しぬひ》があった。奈良・平安と時代を経るにつれて賤民の制も消滅するが、その存在がなくなったわけではない。

南北朝時代を境にして、郷村制が整備されてくるにしたがい、農村が主体となって、それ以外の仕事に従事するものは職人として一括されるようになった。職人には手工業者はいうまでもなく、漁・猟民、商人、聖《ひじり》・陰陽師《おんみょうじ》や芸能者まで含まれていた。ここに農業者対それ以外のもの、定住者対非定住者の区別がやがて差別の発生に展開していく。えたという語は鎌倉末期に制作された『塵袋《ちりぶくろ》』に登場するのが初見であるが、その本質は今日の被差別部落につながるものではない。えたの語が定着化するのはちょうどこのころであり、本来の言葉の意味が変質して社会的な差別用語として展開するようになる。

十五世紀の中ごろをすぎて、一四六七年（応仁《おうにん》元）に始まる応仁の乱は都を焼け野原にして十数年に及び、荘園制《しょうえんせい》は完全に崩れて郷村制《ごうそんせい》に移行する。ここにいわゆる下剋上《げこくじょう》という状況が展開された。下剋上はこれまで当たり前と思っていた社会的身分の上下関係が転倒してしまうことを意味している。荘園を管理していた荘官が逃げ出して、これまで服従してきた人々が主体となって農地を持ち、村造りに精を出し郷村制が成立する。

かかる戦国の世を統一した豊臣秀吉は、刀狩りによって農民から武器を取り上げて支配層への抵抗力を奪い、検地《けんち》によって農民からの年貢《ねんぐ》を取り立てて国家財政の基盤がためを行なった。

この政策を引き継いだ江戸幕府による近世幕藩体制は、「士農工商《しのうこうしょう》」の身分制度を確固なものにするために、搾取《さくしゅ》にあえぐ被支配層の反抗の目をそらす、えた・非人といった身分外の身分を構築したのであった。えた・非人は、職としては、当時の日本人人口の八割以上を占めていた農民が営んでいた稲作から除外され、田畑の所有も認められず、皮革業をはじめとする人々の嫌がる仕事しか与えられなかった。そして、稲作が共同作業を必要とすることから、田畑から切り離された集落周辺の山かげ、崖下、川の合流点などの低湿地などに居住地が限定された。社会政策としては「士農工商」の身分制度の維持を図って、幕府は戸主を単位とする五人組制度を作った。

五人組制度は、生活に欠かせない冠婚葬祭をはじめとする相互扶助的な機能を有するものであったが、罪を犯したり、年貢が納められずに逃走を図ったりするのを防ぐために連帯責任制を課したりしたために、一人ひとりは協力し合う反面、互いに行動を監視しあうといった生活態度を醸成する結果となった。「士農工商」の身分制度の枠外におかれたえた・非人は時には密偵としても使われ、とくに一揆《いっき》などの暴動になることを未然に防ぐといった役割さえ担ったのであった。なお、えたと非人の違いは、えたの身分は固定的とされたのに対し、非人は身分を回復できる道があったということである。非人には生来の者を除き、犯罪を犯したり貧困などの理由で身分外の身分に落とされた抱非人《かかえひにん》や、人別帳《にんべつちょう》からはずされた無宿非人《むしゅくひにん》などがおり、特定の条件さえ揃えば、足洗いといって、もとの身分に戻ることができたのであった。

かくしてなった将軍を頂点にした「士」すなわち武士に基づく支配体制は、二百六十年間にわたって日本に君臨した。もともと支配体制の道具として「士農工商」の身分制度の枠外にえた・非人をおいたのは、最底辺におかれ貧困と搾取に慄《おのの》く人々に、えた・非人よりましと思わせることにあった。えたの身分が一目でわかるように、動物の皮をまとわせたり、髪の毛を藁で結ばせたり、道ですれ違う農民に土下座させるなどのさまざまな差別を強いたのも、服装・身なりによる身分表示の意味を持たせようとした幕府の差別政策の一環であった。えた・非人の身分にあった人々は、部落民ないし被差別民と呼ばれた。

差別戒名

以上の江戸幕府の身分差別政策を背景にして、差別戒名があらわれるようになった。幕府は、一般寺院に戸籍係の役割を担わせるために檀家《だんか》制度を設け、死者の管理も寺院にさせることにした。その結果寺院は庶民の死後の世界にまで関与するようになった。現世の身分階層関係を死後の世界にまで持ち込んで、差別されてきた人々の戒名にまで差別的な文字や意味を込め、墓石に刻むようになった。

現在、差別的戒名を付けるためのもととなった『無縁慈悲集』という本が知られている。この本をもとにして、死亡した男性には「革門」「革男」、女性には「革尼」「畜女」などという明らかな差別戒名を付けてきた。

『無縁慈悲集』

『無縁慈悲集』は、一六二六年（寛永《かんえい》三）に浄土宗米子心光寺三世の感蓮社報誉龍山無住（?―一六四七）が弟子たちに教えるために書いたもので、当時営まれていた葬送儀礼全般にわたる事項を集大成したものであった。書名は、『観無量寿経《かんむりようじゆきよう》』の「仏心とは大慈悲これなり、無縁の慈をもって諸《もろもろ》の衆生を摂《せつ》し給う」という文から、当時葬儀にあずかれなかった被差別部落民に無縁の慈悲をもって行う葬儀の在り方を示した書と見ることができる。

『無縁慈悲集』の差別戒名の記載は次の項目に出てくる。

一、位牌《いはい》上之《うえの》置字《おきじ》目安事《めやすのこと》

一、下位《かい》置字《おきじ》目安之事

一、三家《さんか》之者《のもの》位牌之事

『無縁慈悲集』は位牌の書き方について、身分・職業によって上・下の置字を区別することを指示している。上の置字では「連寂」は「畜生男女の皮剥にこれを用いる」とし、下の置字では「松門《しょうもん》」「栢門《はくもん》」「松尼《しょうに》」「院尼《いんに》」などは明らかに差別の事例である。最も問題となる箇所は「三家之者位牌之事」で、書き下しにして引用しよう。なお、文中のカタカナのふりがなは原文にあるものにしたがった。

一、三家之者位牌之事

連寂　白馬関墳　某甲《むこう》　革門　卜灵《ぼくれい》

これ漢土にて白馬寺における白馬の位牌これなり

それ白馬寺は漢の明帝永平十一年（六八）に西天より摩騰迦《まとうか》・竺法蘭《じくほうらん》という聖二人、四十二聖教を白馬に負わせて震旦《しんたん》に来《きた》るなり。その先鴻臚《こうろ》に接す。この内の寺号を白馬寺といい、鶏州と陽州との境なり。その後四百八十年を過ぎて、日本仁皇《じんのう》卅代欽明《キンめい》天皇朝、明要元年辛酉渡るなり。漢土にて経を馬に負わせて死する所の位牌に連寂革門卜灵（霊）と書くなり。この門前の輩は連寂をもって千駄櫃《せんだびつ》を負わせて、鶏州との間を商買《あきない》す。しかるに関銭《せきせん》を出さずして権門に通用するなり。その類例を三箇の者と云うなり。藁履《ワラクツ》作り・坪立《ツルウツ》・絃差《ツルサシ》などなり。日本にては坂の者とも・瓦の者とも・皮《ヒ》廟《ビョウ》とも云うなり。京九重に入れば覆面をするなり。これを燕丹《エンタン》と云うなり。燕丹国の王にてましますが、楚《そ》国の王に追い出されて、日本播磨《はりま》の国へ越して、我を王にせよと仰せければ、日本の人物笑いにて突き出す間、牛馬を食して世を渡る間しか云うなり。その末孫《まつそん》あらざる振る舞いにて過《す》ぐるの間、無窮の体《てい》あるなり。三ヶの類例とは渡守《ワタシモリ》・山守《やまもり》・草履《ぞうり》作り・筆結《ふでゆい》・墨子《すみこ》・傾城《けいせい》・癩者《らいしゃ》・伯楽《はくらく》などを皆連寂衆と云うなり。唐土とも云うなり。これを非人とも云うなり。千駄櫃の輩とも云うなり。非人の職人の法度の掟にいうは、延喜の帝《みかど》の勅定《ちょくじょう》よりこのかた始めるなり。

ちなみに、『無縁慈悲集』に関連すると思われる江戸時代の、差別戒名の手引書となっ

表1　差別戒名の手引書一覧

	書名	著者	宗派	成立年	刊行年
1	貞観政要格式目（高野山）		真言	一五三九年（天文8）	刊行されず
2	諸回向清規	天倫	禅	一五六六年（永禄8）	一六五七年（明暦3）
3	無縁慈悲集	報誉	浄土	一六二六年（寛永3）	一六六〇年（万治3）
4	泥洹之道	袋中	浄土	一六三四年（寛永11）	一六五九年（万治2）
5	貞観政要格式目僧官		禅	不明	一六四八年（慶安元）
6	真言引導要集便蒙	伝慧	真言	不明	一六八四年（貞亨元）

たものを一覧表にして示すと表1のようになる。

その後の取り組み

差別戒名について指摘された仏教界全体やそれぞれの宗派では、差別戒名の実態を調査することから始めた。その報告によれば、過去にさかのぼり檀信徒の墓石調査を進め、刻まれた戒名の中に明らかな差別的用字が見られたという。その結果を踏まえて、教団として差別戒名の改正や意識変革のための広報や出版物刊行、あるいは一般の人に向けて戒名・法名などについての相談窓口を開くなどの努力をしてきている。これまでの歴史的経過もあり、十全の改正にはまだ長い時間と労力が必要とされるだろう。戒名料に象徴されるような信仰の希薄化によってもたらされた問題とともに、これまで仏教界に内在してきた負の一面を克服するため、今後の教団や仏教界全体による取り組みが必要とされる。

どうなるこれからの戒名問題——エピローグ

現代日本人と宗教

ここで、これまでの論議をまとめてみよう。プロローグにおいて寺《てら》内大吉《うちだいきち》氏と山折哲雄《やまおりてつお》氏との『朝日新聞』紙上の対談が戒名《かいみょう》を社会問題化させた発端となったことを述べた。次いで抵抗する仏教界の動向を見、戒名問題をとりまく現状を展望して、戒名問題を助長する日本文化の特性分析から戒名問題の解決すべき方向を示した。その後、全日本仏教会が『戒名・法名について』のパンフレットを編纂・作成し、その頒布をもって戒名問題の解決を計った。しかし、この種の問題の解決は教義仏教だけでは解決できない。

本書が強調したのは、コンテキスト（文化的脈絡）の重視、いわゆる日本文化史として論ずることであった。日本に伝来した仏教を見てみると、インド仏教・中国仏教・朝鮮仏教を経由する中、それぞれ中国仏教・朝鮮仏教の影響を受け、なおかつそれぞれの土着信仰と習合した、二重、三重の構造をもって受容されていると見なくてはならないからである。

各種の統計などによっても明らかなように、現代人はたとえば菩提寺《ぼだいじ》の宗派名を知っているものは半数にもみたず、崇拝対象の本尊の名を知っているものはせいぜいわずか十数%、宗派の本山《ほんざん》の開祖を知っているものとなるとさらに低くなってしまう。同様に、地域共同体の神社を氏神《うじがみ》様・産土《うぶすな》様・鎮守《ちんじゅ》様と氏子《うじこ》が親しんで呼ぶ所以《ゆえん》や、祭神の名を正確に知る者は少なく、境内に祭られている摂社《せっしゃ》・末社《まっしゃ》の名、祭神の名を知る者はさらに少ないのが日本人一般の神仏に対するイメージといえるであろう。

見えない宗教化現象

このことは、日本人が多くの宗教を受容しうる文化を持ち、それゆえに無宗教的側面を併せ持つ民族であるとする見解と無関係ではない。一言でいえば、はっきりした信仰の形をとっていない「見えない宗教」化現象ということができる。かかる現象の形成される要因は、インド・中国・朝鮮において生活化された仏教が日本に導入されたこと、日本仏教がそれらの諸文化の累積したものであったという事実が考えられる。そして、日本における仏教の定着過程で、仏教が在地の民俗を取り込むという「民俗の仏教化」と、仏教が民俗に傾斜していくという「仏教の民俗化」という二方向からの歩み寄りにより、現実に存在する生活仏教——教義仏教とは異なる——が構築されたと見ることができる。

神道《しんとう》との関係で見れば、神社神道は日本の民俗信仰との間で変容してきた仏教と接触することによって体系化され、それ以外の部分が民俗神道となっていった構図を描くことが可能である。いうならば、日本民族が育み育ててきた素朴な民俗社会のカミガミは、仏教の伝来とともに体系化した神道の神々の進出を受けてカミは神に転身したり、仏教と習合したり、駆逐《くちく》されていく歴史をたどっていくのである。

仏と神との関係の歴史的展開が、神仏習合《しんぶつしゅうごう》の現象をもたらし、仏教を支える神の在り方として本地垂迹《ほんじすいじゃく》や神身離脱の思想などが登場し、神道においては神本仏迹《しんぽんぶつじゃくせつ》説の提唱など、大筋で互いに排除し合わない関係が続いた。江戸時代に一部見られた神仏分離政策が、制度的には明治維新後に明確にされ廃仏毀釈《はいぶつきしゃく》が唱えられた。しかし、実際には宗教に対する民衆意識は、仏教あるいは神道に偏ることはなく、さまざまな場面で信仰の形態を選び取っていく態度に変わりはなかった。出産儀礼では安産祈願やお宮参りは神社で、初詣は寺社を問わず、合格祈願は神社で、結婚式は神・仏・キリスト教のいずれでも行うが神道式が主流で、葬儀は寺院主導が大半など一つの宗教で一貫していない。

現代社会では、これらに加え、いろいろな通過儀礼を無宗教で行う現象が見られるようになってきている。

現在の宗教状況を見ながら、本書で見てきた戒名の起源と歴史的展開を正しく理解して、その現代的意味について考えていかなければならない時期にあるといえる。

戒名と現代社会

現代は末法《まっぽう》の時代である。仏教思想の中で、数え方には説があるが、釈尊《しゃくそん》の在世時は正しい仏教の教え（教）があり、その教えにしたがって修行する者（行）がおり、その結果として悟り（証）を開く者がいるといった「正法《しょうぼう》の時代」であるが、没後千年間は教と行はあるが証を欠く「像法《ぞうほう》の時代」が続き、その後千年間は教はあっても行・証を欠く「末法の時代」が一万年続き、最後に教も無くなった「法滅の時代」が到来するという。

教えだけが残されているという現代、多くの人々が神社仏閣に参詣し、人生の中で重要な転換点に神仏との接触を保っているが、信仰心という面では、神仏の絶対権威は失墜しているかのように見える。しかし、長い日本の歴史の中で神道は祭りをとおして日本人の民族意識を統合する機能を果たし、仏教は先祖の霊を祀る仏壇をシンボライズして「家」

表2　戒名・法名に関する各宗派別相談窓口一覧

宗派	相談窓口
天台宗	天台宗務庁教学部 〒520-0113　滋賀県大津市坂本4-6-2 (電話)077-579-0022
高野山真言宗	高野山真言宗宗務所総務部庶務課 〒648-0294　和歌山県伊都郡高野町高野山132 (電話)0736-56-2011
真言宗智山派	真言宗智山派宗務庁総務部総務課 〒605-0951　京都市東山区東大路通七条下ル東瓦町964 (電話)075-541-5361(代)
真言宗豊山派	真言宗豊山派教化センター・テレホン相談室 〒112-0012　東京都文京区大塚5-40-8 (電話)03-3946-1166
浄土宗	浄土宗出版室 〒105-0011　東京都港区芝公園4-7-4 (電話)03-3436-3700
浄土真宗本願寺派(西本願寺)	浄土真宗本願寺派宗務所参拝部(ならびに全国31教区の教務所) 〒600-8501　京都市下京区堀川通花屋町下ル (電話)075-371-5181(代)
真宗大谷派(東本願寺)	真宗大谷派宗務所参拝接待所 〒600-8505　京都市下京区烏丸通七条上ル (電話)075-371-9210(9:00〜16:00)
曹洞宗	曹洞宗宗務庁教化部企画研修課 〒105-8544　東京都港区芝2-5-2 (電話)03-3454-5415
臨済宗妙心寺派	臨済宗妙心寺派教化センター 〒616-8035　京都市右京区花園妙心寺町64 (電話)075-463-3121
日蓮宗	日蓮宗宗務院 〒146-8544　東京都大田区池上1-32-15 (電話)03-3751-7181

を規制する役割を果たしてきたという事実は、近代にいたっても消滅し去ったのではない、という見方も存在する。神仏が現代人の一人ひとりのパーソナリティの奥底に沈潜《ちんせん》して生き続け、いわば日本の文化伝統となっていると考えれば、それをどのようにして信仰心が見える形として表現していくかが、いま問われていることになる。

仏教に限って見れば、本書でたび重ねて見てきた、戒名の本来の意味を広く共通の認識とすることは、戒名料という仏教の教えに反するような問題の解決だけにとどまらない。それは、新たな仏教思想の理解と普及に向かう糸口になるはずである。それだけに仏教宗派や教団、宗教者としての僧、それを支える在家の人々との意見を交換する共通の場が必要になってくる。その一つの試みが、前ページに表2として掲げた、各宗派による戒名・法名《ほうみよう》に関する相談窓口の設置だろう。また、宗教者側からの歴史や現状に関する積極的・継続的な検証であり、公表であろう。

現在、寺檀関係が空虚化していることは一面の事実であろうが、信頼関係を再構築することで、人々の心の安定や幸福をもたらす力が仏教にはある。その信仰心を高めていくためにも、戒名の意味を知らずに戒名そのものを論ずるのではなく、仏法帰入の証であるという戒名の原点に立ち戻って見つめ直す姿勢があってもよいであろう。

あとがき

戒名に関してこれまでに刊行された論文、著作類のほとんどは、いわゆるハウツーものに終始するものであった。なかには戒名への批判書もあったが、アンチブディズム＝反仏教の立場にたって戒名がいかに無用のものであるのか、戒名料と称して支払われる「志」は寺院を太らせるにすぎず、支払う側からすればいかに無駄なものであるかを論証するものであった。しかし残念ながら、ハウツーものであろうと、批判書であろうと、戒名そのものがいかなるものであるかは、いっこうに浮かび上がってこなかった。

かねがね私は、戒名に関する著書を三種に分類することができると思っていた。第一はいうまでもなく知識の獲得を目指すものである。書店に行けば、実にこの種の本が多いことに気付くであろう。ハウツーものもこの部類に入るであろう。戒名に関しての知識はこの本一冊で事足りる。第二はどこに問題が潜《ひそ》んでいるか、といった課題探索型の本である。

戒名問題はどうして現代的な問題になったのかを繙《ひもと》くことを目的にした書である。そして、第三の本はどこに問題が潜んでいるかが分かったならば、どうしたら問題を解決することができるのか、といった問題解決型の本である。

今回、吉川弘文館の『歴史文化ライブラリー』の一冊として『戒名のはなし』の執筆を依頼されたとき、以上の三種を網羅するに越したことはないが、なに分限られた分量でもあるので、第二、第三の型に力点をおこうと考えた。いうならば、戒名が何ゆえに社会問題となったたか、その解決にはどうしたらいいのかを日本文化の視点から論ずる内容にしたかった。すでに私は、監修者としてハウツーものではあるが、『法名・戒名データブック』を一九九六年以降に「俗名対応篇」「人柄対応篇」「四字戒名篇」（いずれも四季社）に分けて出版してきた経緯もある。あまりにも貧弱な戒名を見かねたのが契機になって、「戒名とはかようにして与えられてきたことを」示したかったのであった。

本書がどこまでこうした目的を達成できたかは疑問であるが、ハウツーものは前著に譲って、読者にとって本書が戒名問題の意味を考える一助となれば望外の幸である。最後になったが、本書の執筆を承諾したのは二〇〇〇年の十二月であったが、翌年九月にはハーバード大学客員研究員として渡米してしまった。二〇〇二年四月の大学復帰後は原稿執筆も順調に進捗したが、二〇〇五年六月には、ふたたびスリランカ民主社会主義共和国のコロンボ大学院の要請をうけ国際交流基金の客員教授支援プログラムによって一部の原稿を残したまま旅立ってしまい、そのため原稿提出に遅れが生じてしまった。怠惰な私を励ましてくれた編集部の一寸木紀夫氏の熱心さがなかったならば本書は日の目を見なかったであろう。また、本書の製作にあたっては伊藤俊之氏のお世話になった。ここに紙面を借りて心から謝意を呈する。

二〇〇六年六月

藤井正雄　識す

著者紹介

一九三四年、東京都に生まれる
一九五七年、大正大学文学部哲学科卒業
現在、大正大学名誉教授・文博、日本生命倫理学会代表理事・会長、全日本墓園協会理事

主要著書
現代人の信仰構造　仏教儀礼辞典　仏事の基礎知識　死と骨の習俗　祖先祭祀の儀礼構造と民俗

歴史文化ライブラリー
217

戒名のはなし

二〇〇六年（平成十八）十月一日　第一刷発行
二〇一五年（平成二十七）四月十日　第五刷発行

著　者　藤《ふじ》井《い》正《まさ》雄《お》
発行者　吉川道郎
発行所　株式会社　吉川弘文館
東京都文京区本郷七丁目二番八号
郵便番号一一三―〇〇三三
電話〇三―三八一三―九一五一〈代表〉
振替口座〇〇一〇〇―五―二四四
http://www.yoshikawa-k.co.jp/
印刷＝株式会社 平文社
製本＝ナショナル製本協同組合
装幀＝山崎　登

ISBN978-4-642-05617-5

歴史文化ライブラリー

1996.10

刊行のことば

現今の日本および国際社会は、さまざまな面で大変動の時代を迎えておりますが、近づきつつある二十一世紀は人類史の到達点として、物質的な繁栄のみならず文化や自然・社会環境を謳歌できる平和な社会でなければなりません。しかしながら高度成長・技術革新にともなう急激な変貌は「自己本位な刹那主義」の風潮を生みだし、先人が築いてきた歴史や文化に学ぶ余裕もなく、いまだ明るい人類の将来が展望できていないようにも見えます。このような状況を踏まえ、よりよい二十一世紀社会を築くために、人類誕生から現在に至る「人類の遺産・教訓」としてのあらゆる分野の歴史と文化を「歴史文化ライブラリー」として刊行することといたしました。

小社は、安政四年（一八五七）の創業以来、一貫して歴史学を中心とした専門出版社として書籍を刊行しつづけてまいりました。その経験を生かし、学問成果にもとづいた本叢書を刊行し社会的要請に応えて行きたいと考えております。

現代は、マスメディアが発達した高度情報化社会といわれますが、私どもはあくまでも活字を主体とした出版こそ、ものの本質を考える基礎と信じ、本叢書をとおして社会に訴えてまいりたいと思います。これから生まれでる一冊一冊が、それぞれの読者を知的冒険の旅へと誘い、希望に満ちた人類の未来を構築する糧となれば幸いです。

吉川弘文館

歴史文化ライブラリー

文化史・誌

- 楽園の図像 海獣葡萄鏡の誕生 —— 石渡美江
- 毘沙門天像の誕生 シルクロードの東西文化交流 —— 田辺勝美
- 世界文化遺産 法隆寺 —— 高田良信
- 語りかける文化遺産 ピラミッドから安土城・桂離宮まで —— 神部四郎次
- 落書きに歴史をよむ —— 三上喜孝
- 密教の思想 —— 立川武蔵
- 霊場の思想 —— 佐藤弘夫
- 四国遍路 さまざまな祈りの世界 —— 星野英紀・浅川泰宏
- 跋扈《ばっこ》する怨霊 祟りと鎮魂の日本史 —— 山田雄司
- 藤原鎌足、時空をかける 変身と再生の日本史 —— 黒田 智
- 変貌する清盛『平家物語』を書きかえる —— 樋口大祐
- 鎌倉 古寺を歩く 宗教都市の風景 —— 松尾剛次
- 鎌倉大仏の謎 —— 塩澤寛樹
- 日本禅宗の伝説と歴史 —— 中尾良信
- 水墨画にあそぶ 禅僧たちの風雅 —— 高橋範子
- 日本人の他界観 —— 久野 昭
- 観音浄土に船出した人びと 熊野と補陀落渡海 —— 根井 浄
- 浦島太郎の日本史 —— 三舟隆之
- 宗教社会史の構想 真宗門徒の信仰と生活 —— 有元正雄
- 読経の世界 能読の誕生 —— 清水眞澄
- 戒名のはなし —— 藤井正雄
- 墓と葬送のゆくえ —— 森 謙二
- 仏画の見かた 描かれた仏たち —— 中野照男
- ほとけを造った人びと 止利仏師から運慶・快慶まで —— 根立研介
- 〈日本美術〉の発見 岡倉天心がめざしたもの —— 吉田千鶴子
- 祇園祭 祝祭の京都 —— 川嶋將生
- 茶の湯の文化史 近世の茶人たち —— 谷端昭夫
- 海を渡った陶磁器 —— 大橋康二
- 時代劇と風俗考証 やさしい有職故実入門 —— 二木謙一
- 歌舞伎の源流 —— 諏訪春雄
- 歌舞伎と人形浄瑠璃 —— 田口章子
- 落語の博物誌 江戸の文化を読む —— 岩崎均史
- 大江戸飼い鳥草紙 江戸のペットブーム —— 細川博昭
- 神社の本殿 建築にみる神の空間 —— 三浦正幸
- 古建築修復に生きる 屋根職人の世界 —— 原田多加司
- 大工道具の文明史 日本・中国・ヨーロッパの建築技術 —— 渡邉 晶
- 苗字と名前の歴史 —— 坂田 聡
- 日本人の姓・苗字・名前 人名に刻まれた歴史 —— 大藤 修
- 読みにくい名前はなぜ増えたか —— 佐藤 稔
- 数え方の日本史 —— 三保忠夫
- 大相撲行司の世界 —— 根間弘海

歴史文化ライブラリー

歴史文化ライブラリー

歴史文化ライブラリー

歴史文化ライブラリー

中世武士の城——齋藤慎一
武田信玄——平山 優
歴史の旅 武田信玄を歩く——秋山 敬
武田信玄像の謎——藤本正行
戦国大名の危機管理——黒田基樹
戦乱の中の情報伝達 使者がつなぐ中世京都と在地——酒井紀美
戦国時代の足利将軍——山田康弘
名前と権力の中世史 室町将軍の朝廷戦略——水野智之
戦国を生きた公家の妻たち——後藤みち子
鉄砲と戦国合戦——宇田川武久
検証 長篠合戦——平山 優
よみがえる安土城——木戸雅寿
検証 本能寺の変——谷口克広
加藤清正 朝鮮侵略の実像——北島万次
北政所と淀殿 豊臣家を守ろうとした妻たち——小和田哲男
豊臣秀頼——福田千鶴
偽りの外交使節 室町時代の日朝関係——橋本 雄
朝鮮人のみた中世日本——関 周一
ザビエルの同伴者 アンジロー 戦国時代の国際人——岸野 久
海賊たちの中世——金谷匡人
中世 瀬戸内海の旅人たち——山内 譲

近世史

神君家康の誕生 東照宮と権現様——曽根原 理
江戸の政権交代と武家屋敷——岩本 馨
江戸御留守居役 近世の外交官——笠谷和比古
検証 島原天草一揆——大橋幸泰
隠居大名の江戸暮らし 年中行事と食生活——江後迪子
大名行列を解剖する 江戸の人材派遣——根岸茂夫
江戸大名の本家と分家——野口朋隆
赤穂浪士の実像——谷口眞子
〈甲賀忍者〉の実像——藤田和敏
江戸の武家名鑑 武鑑と出版競争——藤實久美子
武士という身分 城下町萩の大名家臣団——森下 徹
武士の奉公 本音と建前 江戸時代の出世と処世術——高野信治
宮中のシェフ、鶴をさばく 江戸時代の朝廷と庖丁道——西村慎太郎
馬と人の江戸時代——兼平賢治
江戸時代の孝行者 「孝義録」の世界——菅野則子
死者のはたらきと江戸時代 遺訓・家訓・辞世——深谷克己
近世の百姓世界——白川部達夫
江戸の寺社めぐり 鎌倉・江ノ島・お伊勢さん——原 淳一郎
宿場の日本史 街道に生きる——宇佐美ミサ子
〈身売り〉の日本史 人身売買から年季奉公へ——下重 清